愛的信念

潔淨心靈的50則愛的故事

暢銷書《一念之間》作者
蘇拾瑩 著

〈專文推薦〉

不可忽視的力量

記得高中時，班上有三股勢力，一是只知讀書的書棍，二是聖經不離手的神棍，三是整天混在球場的球棍。我是道道地地的球棍。雖然第二種人不符合我的個性，但在這些神棍同學們的影響下，也參加了許多團契、聚會之類的活動。許多道理已不復記憶，但唯獨〈哥林多前書〉第十三章讓我記憶深刻、牢記在心：

愛是恆久忍耐，又有恩慈；愛是不嫉妒；愛是不自誇，不張狂，不做害羞的事，不求自己的益處，不輕易發怒，不計算人的惡，不喜歡不義，只喜歡真理；凡事包容，凡事相信，凡事盼望，凡事忍耐。愛是永不止息。

這段文字，想必許多人都能朗朗上口，不管是教友或非教友。

的確「愛」是普世價值，並非基督宗教專屬，想想孔夫子的禮運大同篇，雖然是大同世界的藍圖，但「人不獨親其親，不獨子其子」，何嘗不是愛的展現！更讓我訝異的是，在這段「愛的真諦」之前的一段話：「我若將所有的賙濟窮人，又捨己身叫人焚燒，卻沒有愛，仍然與我無益。」這又和達摩向梁武帝論功德、福德的公案不謀而合；讓人不禁為中西文化各自發展、卻有相同精神的巧合而讚嘆。現在想來，也是現今宗教百花齊放的台灣、捐款一個比一個多的台灣人要警惕的。

沒有愛，只是會鳴的鑼、會響的鈸；沒有愛，各樣的知識都算不得甚麼。唯有愛，才能算真正擁有人生。因此，拾瑩將她聽過、體會過最精彩的「愛的故事」整理成書，也希望讓大家成為「愛的達人」。

在為拾瑩的《一念之間》作序時，就折服於她說故事的能耐，而好的故事是人人喜歡的經驗，……因為所有的故事加在一起，那就是拾瑩的整個人生傷痛的復建過程，每一個故事，都代表了作者某一個階段的心靈救贖，每一個故事，也都有作者的感覺和體會。

看了《愛的信念》的文稿後，原來，拾瑩是好酒沉甕底，她還有這麼多的故事可以說給我們聽，而這些故事是讓她在人生挫折中得以維持平安喜樂的力量來源。

拾瑩現在除了寫作之外，更多的時間是到各個教會免費教授英文查經班為樂，這不僅是她將大愛實踐出來，也讓她本人從中獲取與人為善的至高喜悅。

拾瑩的《一念之間》讓我們認知了故事療傷力量之驚人，《愛的信念》則讓我們更深刻體會潔淨心靈的力量。

（本文作者為城邦出版集團首席執行長）

〈專文推薦〉

依憑信心，栽種夢想

詹宏達

你知道天國是長出來的嗎？

耶穌說：「天國好像一粒芥菜種，有人拿去種在土裡，它長成一棵大樹，天上的飛鳥飛來宿於其上。」

我們都以為天國是客觀存在的，所以有人問耶穌：「天國到底在哪裡？」

耶穌說：「不在這裡，也不在那裡，天國就在你心裡。」

這心，就是人的信仰之心。耶穌又說：「你若有信心像一粒芥菜種，就是叫這棵桑樹拔出來拋到海裡，也必成就。」

啊，你看出其中的關聯了嗎？

天國像芥菜種，信心也像芥菜種，它們似乎有著相同的質素。

於是，耶穌把自己傳天國福音的工作比喻為撒種。

種子撒在地裡，有的被鳥吃了，有的被太陽曬乾了，有的被旁邊的植物擠住了。

這鳥就是撒旦，太陽是人間的磨難，旁邊的植物就是錢財的誘惑以及今生的思慮；這三樣，是信心的大敵，天國的破壞者。

為了這緣故，天國的子民起來，有的負責趕走飛鳥，有的辛勤地耘土，要讓剛發芽的種子快快紮根，好挺住一切的日曬雨淋；還有一組人馬，要剷除那些礙手礙腳的植物；鐮刀鋤頭，斧鉞鉤耙，十八般武藝盡數出籠，要道破人間的虛妄，指出人世間的種種荒謬，還天國的種子一塊清淨的土地。本書的作者，就在這一組人馬當中。

啊，何等美妙的工作。

本書中有許多故事，也有作者引用聖經作為詮釋，讀來有點荒漠甘泉的味道，又讓我想起托爾斯泰的短篇小說；這些文章看似平凡，卻有極高的智慧，作者想必擁有一雙靈眼，敏銳又慈悲。

願天國的主宰，興起天國的子民，為種子——奮勇作戰，阿們。

良夜美，天水如波如鏡，
星光閃，恰如一生夢想。
幻夢如良夜美景，無邊遼闊深沉，
晨星一墜落，天明依舊看凡塵。
不如依憑信心將此夢想栽種心土中，
般勤耕耘，緩緩生長，
容百鳥棲息，萬人蔭庇，
一生一世，免對月空長歎。

——詹宏達，〈星夜問天〉

（本文作者為知名音樂人）

〈專文推薦〉

愛的力量

蔡茂堂

全世界有許多不同的宗教信仰都跟愛都有關係。以二〇〇五年的統計來講，全世界差不多有三分之一的人信基督教（包括天主教），佔百分之三十三；差不多有五分之一的人信回教，佔百分之二十一；不信任何宗教的，佔百分之十六，可是其中有一半相信有神，只是不在任何宗教裡；再來是印度教，佔百分之十四；其次是另外三個：如原來的住民信仰佔百分之六；佛教，佔百分之六；還有中國傳統信仰（道教、儒教），佔百分之六。

這些宗教信仰都講到愛！所有宗教都教導我們要愛別人，至少像我們愛自己一樣愛別人，可是歷史告訴我們，很遺憾的，全世界有一年的和平，就有十四年的戰爭，這是戰爭與和平的比例，一比十四，所以和平的日子只有十五分之一。而這些全世界發生過的戰爭，百分之九十與宗教有關（宗教引起的），這不是很諷刺嗎？所有的宗教都教導要怎樣愛人，可是百分之九十的戰爭，卻是與宗教的動機有關。

像現今地球上與宗教有關的戰爭還是持續著，所以強納森 斯威夫特（Jonathan Swift）說：「我們有足夠的宗教讓我們憎恨，但是卻不夠讓我們彼此相愛。（We have just enough religion to make us hate, but not enough to make us love one another .）」宗教是要大家彼此相愛，可是很遺憾的，我們沒有彼此相愛，卻是彼此憎恨。

如果宗教只是講到有關愛的信念，卻沒有辦法將愛的信念深入人心，不能幫助人們將愛在日常生活中實行出來，那宗教彼此間的差異性是可能會傷害人類的，宗教本身便成為一個高危險性的東西了。

蘇拾瑩女士繼《一念之間》一書之後，再度編寫故事，闡揚基督愛的信念。她所撰寫的這些小故事，從很多不同的角度來闡釋愛在日常生活中的實踐，不僅能潔淨我們的心靈，也提醒大家要將愛腳踏實地的實行出來。充盈著愛的世界，便是人類追求的天堂境界。

求主幫助我們，讓我們真的有從上帝那裡而來的愛，幫助我們將愛變成日常生活與人互動中彼此尊重的態度以及互相幫助的溫馨！

（本文作者現任台北和平長老教會牧師，曾任台大醫院精神科醫師、恆春基督教醫院院長、路加傳道會總幹事）

〈自序〉

不想被改變

蘇拾瑩

返台定居兩年，發現諸多不能適應。家鄉變得如此陌生！

到底是我改變了？還是世界改變了？在我移居澳洲十二年以後。

詹宏達在他的歌詞中屢屢感慨：「在轉變的人群中，真誠好像遠離？」「人群擁擠之間，愛心必然沉睡？」這些，正是我兩年來心中不斷升起的疑問。

人與人之間的距離似乎越來越遙遠；愛心與憐憫好像不見了；真誠、真心彷彿躲藏著羞於見人；掏心掏肺，已然成為笑柄。

人們冷漠地劃分著彼此的界線，喪失了愛與信任；斤斤計較政治立場的一丁點不同，卻忽視生活習性中絕大部分的相同；習慣於以金錢地位衡量人的價值，卻輕視精神層面的意義；熱中於政治、理財，卻對公益活動敷衍了事；擅長振振有詞、大聲雄辯，卻對抹黑不實訊息造成的傷害視若無睹；對財富地位趨之若鷟，卻對卑微弱小難有真正的關心。

我的四周充斥著許多聲音，最大聲的是來自有勢力、有錢、有權力的人。他們毫不留情地譏諷別人，自以為是正義；他們批評一切，以為大家有知的權利；他們善於隱瞞撒謊，以為別人不知道；他們嚴酷地指責他人，自己卻照樣犯錯。

或許不是世界改變了，而是我改變了。是的！我的確改變了很多。上帝讓我重生，基督讓我找到生命之路。

我嘗試把我改變的喜樂與重生的甘甜獻給這個世界，迫不及待地與大家分享；但是，人們對我的重視卻遠不及過去對我曾經擁有過的金錢與地位的重視。從許多人臉上，我讀到：他們期待的是一個強勢、有權、又有錢的我；那才符合過去我的形象。

人們比的是我賺錢的能力、獲利的能力，看重的是我擁有的人脈、掌握的錢脈，這的確是我過去曾經擅長的項目。但是現在的我，寧願比付出的能力、看重的是奉獻的能力。

我深深知道，過去現實功利的我已然死去。重生之後的我只想和大家分享基督與愛！我大聲疾呼「愛與憐憫」，就算上電視節目也不例外。

然而，如今卑微弱勢的我，就算聲嘶力竭，也難以吸引大家的目光與認同。我的聲音，很快地在人群擁擠的洪濤間淹沒。

我迷惘了，也幾乎在人潮洶湧的世俗間再度迷失！數度，我向內心深處尋找那起初的信念，發現它們變瘦了；我向靈魂極處尋找那最初的愛心，發現它們變弱了。

不過還好，它們還在！我已從當年理想與現實的掙扎中躍出，成為一名堅定的傳道人。

於是我警醒：就算我改變不了這世界，但卻不能讓這世界來改變我啊！我決定以一顆單純的心過日子，緊抓住「愛的信念」，果然，日子如何，力量也如何！

我決定繼續寫心靈提升的故事，提升別人，也提升自己。我決定繼續大聲疾呼，即便是狗吠火車，也讓我做一條真理小徑上的忠狗。即便是唐吉軻德般的傻子，也讓我在良知的道路上求仁得仁！我深信，終有一天，天地要廢去，但「愛」卻永遠長存！我願持守這個真理，直到天荒地老！

目錄 contents

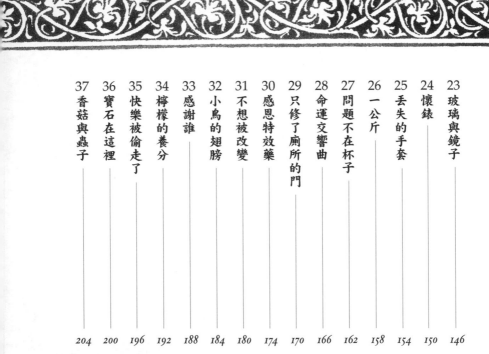

第一部

最愛的東西

衡量在自己心中最重要的東西是什麼？

唯有愛，讓人生圓滿。

1 最愛的東西

有一個國王，娶了一位很美麗又聰明的王后。

婚後頭幾年，國王非常喜愛這個王后，兩人在一起很快樂。國王送了王后許多貴重的寶物，舉凡珠寶手飾、華服美冠，應有盡有。

有一年，國王的心生病了，整天悶悶不樂，做什麼事都提不起勁，連看到美麗的王后，也覺得很膩。他想：「我一定要換些新鮮的東西，才會找到快樂。舊的東西統統不要了！」

於是他下令，第二天醒來，四周所有的東西都要換成新的，包括王后在內。

他對王后說：「妳走吧！我要換新的女人才會快樂；妳已經不能帶給我快樂了。妳今晚就走，我明天醒來要看到新的人。」

王后一聽，美麗的大眼睛落下了兩行清淚，水汪汪地望著國王，話都說不出來，模樣甚是楚楚動人。

國王有些不忍，但仍執意要把周遭的事物全部換新；而且命令已出口，君無戲言，於是他揮揮手說：「罷了！罷了！妳還是走吧！不過妳可以帶走所有妳喜愛的東西。妳看這皇宮裡，愛什麼就帶什麼走吧！」

王后聽了，這才破涕為笑，對著國王嫣然一笑。

國王如釋重負，揮揮手說：「去吧！妳自己好好保重！我心情不好，顧不了妳了。」說完，又繼續雙眉深鎖，擁抱他的憂愁去了。

傍晚時分，婢女送上一張請帖給國王，上面是一幅美麗的圖畫，題辭是王后娟秀的字跡：「曾經擁有」；內容是王后餐敘的邀約，邀請國王到她的宮裡去參加「惜別晚餐」。

國王想想，雖然了無情緒，還是勉為其難答應吧！好歹和王后也曾有過恩愛快樂的日子。

時間到了，國王心事重重地踱到了王后的寢宮，但他仍然滿臉愁容，蹙眉不展。

美麗的王后極力打扮，換上國王賜給她的華服，戴上國王贈送她的首飾，真是美麗極了。國王說：「妳喜歡這些服飾嗎？妳可以隨意帶走，喜歡就盡量帶走沒關係。」

王后笑著稱謝，然後殷勤地邀國王喝酒。不多久，憂鬱愁煩的國王就喝醉了，醉得不醒人事。口中還念念有詞說：「妳喜歡什麼，就帶走！」

隔天睡到中午時分，國王醒過來了。他發現自己睡在一間民宅裡，窗邊有一位穿著素樸服裝的民女在刺繡。

從後面望過去，這位民女身材窈窕動人，顯然是個漂亮的女子。他心想：「我的大臣對我可真是忠心呀！果然為我預備了新人、新東西，讓我一睜開眼睛，一切都是新的。」

但是他隨即想起昨晚的「惜別晚餐」，想到美麗的王后，想到他跟王后曾經擁有過的歡笑。他依依不捨起來，思念總在分手後開始，他的心情愈發沉重，翻來覆去就是不舒服，不禁長嘆了一口氣。心想：「為什麼新的人、新的環境還是不能為我帶來快樂呢？」

正在刺繡的民女聽到國王嘆氣，於是走了過來。國王聽到她輕柔的腳步聲，知道是個纖柔的女子，但是不知怎地，就是一點都不想看她，還故意背過身子不理會她，心頭執意要去抓住剛剛浮上來的王后倩影，還有昨天王后淚水汪汪的大眼睛。

民女見國王又嘆氣又背過身不理她，以為觸怒了國王，簡直嚇壞了。她走近床邊，雙膝跪下，雙腿發抖，忍不住啜泣起來。

國王聽到民女的啜泣聲，知道她誤會自己發怒了，心想：「唉！這是我自己有毛病，怪不得新人。」於是翻身下床要安慰民女。但定睛一看，眼前不正是他想念著的王后嗎？王后穿著民女的衣裳，別有一番嫵媚。而那雙帶著淚、水汪汪的大眼睛，散發的正是他所熟悉的似水柔情。沒錯，就是她！國王心頭一陣狂喜：「真是我失而復得的王后嗎？這下可得好好珍惜她了。」

王后以為國王責怪她，要發怒了，慌忙解釋道：「陛下答應我可以帶走喜歡的東西，我最喜歡的就是陛下，除了這個，其他的我都不想要。」

國王看看四周，問說：「那妳那些漂亮的衣服、首飾呢？都不喜歡嗎？」

王后哀怨地說：「沒有陛下的愛，我擁有那些東西又有什麼意思？」

國王心頭一動，趕忙把王后摟進懷裡，說：「是我太傻了！以為新人新事物可以改變我的心境，現在才知道，沒有王后的愛，什麼新東西都不能讓我快樂。」

朋友！世界上有一種東西，擁有了它，就擁有了全部。那就是「愛」！王后擁有了國王的愛，就擁有了全部的金銀財寶、美冠華服。若失去國王的愛，即使擁有再多的金銀財寶、美冠華服，也覺得食不知味，沒意思極了。聰明的王后知道這個道理，所以智取國王的愛。因爲贏回國王的心，就贏回了全部。

而國王何嘗不是如此？心中沒有愛，即使周圍的人、事、物全部換新，一樣沒有快樂。找回當初對王后的愛，就找回了快樂。

愛是永不止息。愛是如此源源不斷地衍生，汩汩流出，涵蓋到萬事萬物。

愛是永不止息。

——《哥林多前書》第十三章八節

2 七十七層樓

老公公、老婆婆的兒女都成家立業了，各自擁有小家庭。於是老公公、老婆婆把舊房子賣了，搬到公寓大樓去住。

老公公、老婆婆選擇最高層的第七十七樓，因為高，景觀良好，從窗子就可以俯視整個城市。同一層樓還住著幾戶人家，其中有一對年輕的夫婦。

有一個星期天，大樓突然停電，引起電梯故障，必須隔天才能找人維修。許多住戶紛紛去住旅館，或找朋友家借住。

老公公、老婆婆恰巧從公園散步回來，在樓下遇到剛從購物中心買東西回來的年輕夫婦。考慮之後，他們兩家都決定不外宿，要爬樓梯上去。

於是四個人一起去爬樓梯。

走到第五樓的時候，老公公、老婆婆的動作實在太慢，年輕夫婦不耐煩起來，於是向老公公、老婆婆含笑道別：「您們慢慢走，我們先上去！」

年輕夫婦一口氣往上衝，到了第十樓，覺得手上提的購物袋實在太重了，於是決定把它們放在樓梯間，等明天電梯修好了再下來拿。

減輕了重量，這對年輕夫婦又開始往上衝，衝到第二十樓，氣喘吁吁得實在難受，年輕的太太開始抱怨先生：「怎麼發生這種事？剛才實在應該決定去住旅館的，爬什麼樓梯？都是你說什麼一定要回家。」

先生也爬得很累，心情不好，便回嘴說：「這怎麼能怪我？你老是這樣喜歡怪東怪西，妳這脾氣不改，以後實在很難相處。」

太太聽了很生氣，「什麼叫做以後很難相處？你想離婚是嗎？」

於是兩人一路吵，一路氣沖沖地往上爬。吵到第四十幾樓，爬得實在太累了，連吵架的力氣都沒有了。先生於是自顧自地繼續爬，不回頭等太太；太太也生悶氣，不理會先生，休息一下再往上爬。

終於，先生先到了七十七樓。他正鬆一口氣準備開門，卻左尋右覓找不到鑰匙。仔細回想，想起剛剛購物完開車回家，是他提重物，由太太鎖車門的，鑰匙應該在她那裡。

他想：「真倒楣，還非等她不可。」於是無可奈何地等著太太爬上來，也顧不得兩人正在吵架冷戰中。

太太好不容易上來了，看到先生等在家門口，翻著白眼沒好氣地對先生說：「還不趕快開門？你不累，我可累壞了！」

先生也沒好氣地回答：「鑰匙在妳那呀，要不，我才不等妳！」

太太伸手在口袋中摸找，突然失聲叫起來：「糟糕，鑰匙放在購物袋裡了！」而他們把購物袋擱在第十樓。

兩人臉色發白，你看我我看你，頹坐在地上，腦筋一片空白。

過沒多久，樓梯響起了腳步聲，耳邊傳來老公公、老婆婆愉快的說笑聲。終於，老公公、老婆婆也爬上七十七樓來了。

看到癱在地上面無血色的年輕夫婦，老公公、老婆婆嚇了一跳，問明原因，趕緊開了自己的家門，讓這對年輕夫婦到家裡來休息，喝口水，吃點東西，甚至打地鋪過夜。

年輕夫婦很快地恢復了元氣。年輕太太很好奇地問老公公、老婆婆：「你們走得並不慢啊，而且好像不很累，精神還依舊保持得很好呢！」

年輕先生也湊過來說：「是呀！你們真不簡單！你們是怎麼辦到的？」

老公公笑了起來，說：「都是老婆婆的功勞，她出的主意真好。」

老婆婆也深情地望了望老公公，說：「還是他的記憶力好，什麼事都記得清清楚楚，很多事我都忘了呢！」

原來，在爬到第五樓和年輕夫婦分手後，老婆婆思索著：「我們平常參加登山健行活動，都是一邊走一邊聊天說笑，所以走很久都不覺得累。現在爬七十七層樓，也要這樣才不會累。」

於是，老婆婆邀老公公說：「我們來玩回憶的遊戲，數算這一生上帝給我們的恩典，數算一年爬一層樓。」

老公公說：「好，我先說。我永遠記得第一次碰到妳的那晚，你是晚會的主持人，美麗極了。碰到妳，是那年上帝給我的恩典。」

老婆婆說：「嗯，你那時被同學拉來參加我們的晚會，還傻愣愣的。但後來我做學校的課業，你的指導幫了我很大的忙。有你幫忙，是那年上帝給我的恩典。」

就這樣，老公公、老婆婆一邊數一邊爬樓梯，回憶就像流水般不斷湧出。爬到第二十幾層樓時，數算到他們結婚；爬到三十幾樓時，數算到三個孩子相繼出世；爬到四十幾樓時，老公公職務升遷、老婆婆理財致富；爬到五十幾樓時，三個孩子相繼戀愛、結婚；爬到六十幾樓時，上帝醫治了他們的病痛；上了七十幾樓，幾個活潑可愛的小孫子出世，為他們帶來許多歡樂。

老婆婆正數到：「那年還是你有眼光，毫不猶豫地買下這間公寓。」發現兩人已經爬上第七十七層樓了。

老公公正想接著說：「今年碰到停電，我們兩老活到這把年紀，居然還身體硬朗得可以爬樓梯上來。」這時，就看到那對年輕夫婦了。

年輕夫婦聽完老公公、老婆婆的敘述，慚愧地低下頭。太太說：「我知道我們為什麼會那麼累了。不是身體累，是吵架吵得心累。」

先生點點頭，頑皮地對太太說：「我們一定要向老公公、老婆婆學習。我要馬上數算今天上帝給我們的恩典，就是妳把鑰匙忘在樓下了。因為要不是妳忘了鑰匙，我們就聽不到這樣寶貴的教訓了。」

朋友！數算上帝的恩典，就能生出感恩的心；心中充滿感恩，就能生出喜樂的情緒；懷著喜樂的情緒，困難也變成容易。

聖經說：「喜樂的心乃是良藥；憂傷的靈使骨枯乾。」（《箴言》第十七章二十二節）懷著喜樂的心，身體不致疲乏；懷著憂傷的靈，則極易疲倦。說埋怨的話，容易起爭論；起了爭論，就破壞了內心的平靜。年輕的夫婦因著說埋怨的話引起爭吵，帶著煩躁的心情，爬樓梯成爲一種沉重的負擔，以致身心俱疲。老公公、老婆婆則彼此稱讚、互相鼓勵，帶著喜樂的心情，爬樓梯像是在運動健走，輕鬆愉快。

聖經教我們不要發怨言，說話要說造就人的好話。正是這個道理。

凡所行的，都不要發怨言，起爭論。

——《腓立比書》第二章十四節

污穢的言語一句不可出口，只要隨事說造就人的好話，叫聽見的人得益處。

——《以弗所書》第四章二十九節

3 遊艇

克里斯出身貧窮的農家，但他很有生意頭腦，看準了電腦這行充滿生機，學校畢業後，就從事電腦週邊產品的投資與製造，在美國矽谷地區成功地闖出了一番事業。

隨著事業的成功，克里斯也成了家，太太是家鄉電腦行的一名售貨小姐。那是因為克里斯到電腦行接洽生意，炫耀他如何會賺錢，售貨小姐對他簡直崇拜極了。克里斯喜歡這樣被崇拜的滋味，心中極為受用。

結婚生子之後，克里斯夫婦帶著孩子，搬進了灣區一棟有碼頭的豪宅，過著上流社會有錢人的生活。

豪宅既然有碼頭，當然要買遊艇才行。當時大家正流行玩遊艇，克里斯也毫不猶豫地貸款買了一艘豪華遊艇。遊艇駛進他家碼頭時，鄰居都投以欣羨的眼光。克里斯得意極了，這正是他心裡最受用的。

克里斯帶著太太、孩子興奮地乘坐遊艇出海了一次，孩子立刻就厭倦了。因為克里斯夫婦既不會釣魚，也不會潛水，又不喜歡游泳；夫婦倆平時忙著賺錢，和孩子沒什麼話題，全家在遊艇上無聊極了。

於是遊艇擱在屋後碼頭大半年沒動。但是必須付的昂貴花費，如貸款及利息、遊艇的定期保養費、碼頭的維護費等等，卻一分一毫也不能少。克里斯太太付得十分不捨，抱怨說：「怎麼養一艘遊艇比養一個孩子還貴哪！」

克里斯也想：「每個月付那麼高的利息，如果擱著等它生銹，等於花錢買一堆廢物，豈不太可惜？」

為了不想讓買遊艇的投資平白浪費掉，於是克里斯夫婦計劃請朋友到遊艇上玩，也可以趁機炫耀一下所擁有的財富。

可是，他倆拿著邀請名單，左思右想，卻擬不出幾個可以邀請的朋友。

克里斯太太提議找家鄉的父母來坐船，克里斯卻說：「算了吧！他們鄉巴佬，又不懂得欣賞。我爸喜歡自己亂搞機器，搞不好還會把我的遊艇弄壞。」

克里斯想起可以邀老同學麥可夫婦出船，克里斯太太卻說：「還是不要吧！

他們生意失敗，混得不好，現在又窮又酸，怎麼能跟上流社會的我們往來呢？」

提到鄰居喬亞，克里斯想想也搖搖頭，說：「上次喬亞跟我借錢，我沒借給他。現在看到我都怪怪的。」

克里斯太太想到婚前的女友艾咪，目前還是單身，倒是很會玩。但她隨即自忖：「艾咪最拜金了，每次都找機會向克里斯灌迷湯。而且她身材火辣，在遊艇上穿起泳裝，豈不正好勾引我丈夫？」想到這，她就不吭聲了。

克里斯看到桌上一張和同業雷蒙一起參加展覽會時的合照，喃喃地說：「雷蒙一定有興趣上遊艇。」但隨即放棄：「但是他是我商場上的勁敵，若邀他來，還不趁機刺探我的機密才怪。算了！」

這樣相同的戲碼，每一季就在克里斯夫婦家裡上演一次。只要接到帳單，他們就會心痛地拿出草擬的宴客名單一再討論，但左考慮右思量，一次又一次地不了了之。

遊艇停在克里斯家後院的碼頭，成為揮之不去的夢魘，再也沒有開出海過。

朋友！遊艇本身沒有問題，是遊艇的主人出了問題。

他們本可以駕馭遊艇，藉以製造快樂的友誼及甜蜜的親子關係；但他們卻被遊艇所駕馭，成爲週期性的負擔，像被無形的繩索捆綁，不得自由。

那該如何逃脫這樣的禁錮呢？讓我們從聖經的智慧來獲得啓示。

耶穌說：「當孝敬父母，又當愛人如己。」（《馬太福音》第十九章十九節）

又說：「憐恤人的人有福了！因爲他們必蒙憐恤。」（《馬太福音》第五章七節）

聖徒保羅也教我們：「好好管理自己的家，使兒女凡事端莊順服。」（《提摩太前書》第三章四節）

若願意以愛心對待家人、朋友，放棄現實、功利的價值觀，哪愁會找不到適當的人一起坐遊艇同樂呢？藉著坐遊艇同樂的機會，再度對週遭的人釋放出溫暖與關懷，豈不可以贏得尊敬，又得到更豐富的精神回饋呢？

這才是聰明的投資呀！

我又告訴你們，要藉著那不義的錢財結交朋友，到了錢財無用的時候，他們可以接你們到永存的帳幕裡去。

——《路加福音》第十六章九節

4 把愛傳下去

李察是一個汽車修理廠的技工，也是個虔誠的基督徒。

不久前，汽車修理廠的工人舉行示威罷工，和資方談條件，要求調高待遇。李察因體恤工廠在經濟不景氣下生意滑落，故願意與資方共體時艱，沒有參加罷工。

後來工人在罷工示威中贏得勝利。帶頭罷工的正是李察的主管。主管對李察的不合作很不高興，沒多久，就把李察解雇了。

獲知被解雇那天，李察非常沮喪，但他仍舊做完自己該做的工作才開始打包。時間已經是下班後一小時了，同事們早都走光了，只有李察一個人獨自關上修車廠的門，開著他那輛破舊的小貨車準備回家。

從工廠通往他家的路是一條雙線道的公路，平常來往車輛並不多。這時候，天色已經微暗，李察孤獨地開著車在公路上慢慢行駛。他一直想著：「難道我錯了嗎？景氣不好，生意一落千丈。大家反而要求加薪？薪資開銷增加，工廠如何能維持呢？」

雖然領了一筆資遣費，但李察仍然立刻「失業了」。他一邊開車，一邊想著該如何將這個壞消息告訴親愛的太太。

天空飄下毛毛的細雨，黃昏的天氣驟然轉涼，冷風吹亂了李察的頭髮。李察把車窗搖上，就在這時，他瞥見一個老太太站在路邊，不遠處停著她的賓士車。顯然，老太太的車拋錨了，她需要協助。

李察本能地把車開向老太太，把車停在老太太的車前方。冷風吹著，細雨飄著，他的老爺車冒著煙，喘氣著。

老太太等了快一個小時都沒人來幫忙，結果怎麼來了一個髒兮兮的男人？老太太害怕起來，心想：「到底這人是要來幫忙，還是要來搶劫？」

老太太看到走過來的李察頭髮凌亂，工作服髒兮兮的，神色沒精打采。在這條人煙稀少的偏僻道路上，老太太不太敢信任走過來的這個人。

李察看得出老太太對他的疑慮與害怕，臉上勉強擠出一絲笑容。但他也知道，在這條寂靜無人的公路上，在他被解雇的當天，這點笑容，就和霏霏細雨下冷冽的空氣一樣僵。

老太太不過是遇到爆胎而已，對李察來說，換個輪胎就沒事了。然而，爆胎對老太太而言，已經是很嚴重的事了，非要有人幫她不可。

李察對老太太說：「我是來幫妳的。我叫李察，你何不待在車子裡比較暖和？在外面還要淋雨呢！」

老太太依言進了車內。

李察鑽進她的車下，找個適當的地方放千斤頂，鑽進鑽出，又弄髒了他的衣服跟手，但不一會兒，他成功地卸下了舊輪胎，換上新的備胎。

李察在換輪胎的時候，老太太搖下車窗，帶著一絲疑惑跟他交談。

原來，老太太是從隔壁大城市來的，到鄉下拜訪親戚，但回程中走錯了路，才誤闖到這裡。就在胡亂找路之中，不幸爆胎。

李察換好輪胎了，把工具收拾好，把老太太的後車廂關上。

這時，老太太對他說：「非常感謝你的幫忙。我應該付你多少錢呢？請你說個數字吧！」

老太太其實已經心裡有了準備，如果李察要挾持她、或要脅她，她就把整個錢包給他，再不然就整部車子給他，讓他開走。老太太只求保命就好。

然而，李察壓根都沒想到錢的事，他只知道幫助需要幫助的人是他該做的事，何況是一個無助的老太太。他曾經幫過很多人，也被很多人幫助過。

於是李察對老太太說：「不客氣！妳需要幫助，這是我該做的。如果你真的想回報我，那麼當你遇到下一個需要幫助的人，就把要回報給我的那份拿去幫助那個人吧！」

老太太感激地把車開走了。李察直等到看不見她的車影，才動身駛著自己破舊的小貨車回家。他似乎忘了失業的陰霾，心情一下轉好了。他心裡充滿著剛剛幫助別人的快樂，忍不住歡愉地吹起口哨。

老太太開了一會兒車，離開了這條人煙稀少的公路，前面似乎是一個小村落，有幾家商店開著。老太太停下車，把窗子搖下來，一看旁邊是一家咖啡館，她決定進去吃點東西，穩定一下心情。順便好好查看一下地圖，搞清楚回家的方向再上路。

這是一家小咖啡館，室內開著暖氣，販賣著一些熱食熱飲，可以填飽肚子。

這家小咖啡館的生意似乎不怎麼樣，只有一名女侍在張羅。

女侍看到老太太進來，身上帶著雨，趕忙拿了毛巾來幫老太太擦乾頭髮，並把老太太外套上的水珠擦掉，把衣服掛起來烘乾。她隨即又忙著幫老太太點餐，讓廚房準備食物，同時還要收拾其他桌子上別的客人用過的杯盤。

老太太注意到她挺著個像是即將臨盆的大肚子，動作不甚俐落，尤其是彎腰撿東西的時候，更顯得有些困難。

等餐點的時候，老太太拿出地圖，向女侍問路。女侍停下手邊的工作，以愉快的聲調，熱心地回答了她的疑問，並告訴老太太要注意哪些路標。

老太太跟女侍聊了起來，知道她名叫莎莉，預產期就在明天。

老太太說：「莎莉！迎接嬰孩來臨是件興奮的事，妳明天就可能生產，怎麼還沒有開始請產假呢？」

莎莉回答：「能做多久就做多久吧！多幾天工資也能多買些嬰兒用品呀！」

從莎莉的談話及她廉價的衣著打扮來看，她不但不富有，或許還有點缺錢。

老太太突然想到了李察，毫無疑問的，莎莉需要人家幫助。

老太太心中立刻響起了李察說的話：「如果你真的想回報我，那麼當你遇到下一個需要幫助的人，就拿去幫助那個人吧！」

老太太心裡有了決定。

大著肚子的莎莉仍然在忙進忙出。老太太用完餐了，總共十二元。

老太太拿出二十元的鈔票，莎莉接過去，就進去裡面收銀機結帳。一會兒出來，卻看不到老太太的影子了。

莎莉走到老太太用餐的桌子邊，老太太的衣物和包包都不見了，顯然是已經走了。但桌面上卻放著另外五張百元大鈔，旁邊的餐巾紙上寫著一行字：「莎莉！我來這裡幫助妳，就像有人幫助我一樣。如果你真覺得要回報我，就把這份愛心傳下去吧！」

莎莉看了，感動得熱淚盈眶，一股溫暖從腹中升起。她摸摸蠕動中的肚子，胎兒正在踢腳呢！這是上帝賜給她多麼珍貴的禮物啊！

當晚，莎莉一回到家，正要向丈夫述說今天的奇遇，卻見丈夫愁眉苦臉地告訴她：「親愛的，我今天被主管解雇了，我失業了！真是對不起妳，這下妳和寶寶要吃苦了。」

莎莉連忙拿出老太太給她的錢，安慰丈夫說：「李察！別擔心，上帝幫我們預備了呢！你看這五百元，夠付醫院的開銷，還有買嬰兒的用品呀！」

莎莉順利地生下了孩子，健康活潑，人見人愛。李察也找到了新工作。

不久，聽說原來那家修車廠因入不敷出倒閉了，連資遣費都付不起。李察感嘆道：「原來上帝在保護我！」

以後每當莎莉抱著小嬰孩，就想起老太太的字條：「如果你真覺得要回報我，就把這份愛心傳下去吧！」

朋友！如果你立志把愛心傳下去，上帝必會讓你有充沛的財力、物力，使你的愛心源源不絕。

如果你決心謹守聖經的教訓，幫助需要幫助的人，上帝也會讓萬事互相效力，使你有充裕的資源去幫助人。

行善，是誡命，沒有選擇。

把愛心傳下去，是一項光榮的使命。

你手若有行善的力量，不可推辭，就當向那應得的人施行。

——《箴言》第三章二十七節

神能將各樣的恩惠多多的加給你們，使你們凡事常常充足，能多行各樣善事。

——《哥林多後書》第九章八節

5 耳聾的殘障同事

賴瑞是一家廣告公司的業務員，不幸在一場車禍中喪失了雙腿，聽力也受到極大的損傷，變成一個聽障人士。

因為行動不便，賴瑞領了一筆慰問金之後，就離開了原來任職的公司。

他想：「我現在靠輪椅行動，已經不能再繼續做業務了，我得去找其他適合我的工作做。」

但是找了很久，換了很多工作，遭到了排擠和冷漠，嚐遍了人情冷暖。賴瑞對人性失望透了，幾度對生命喪失信心，性格也變得多疑又猜忌，有時別人無心的冒犯，也讓他陰霾很久。惡性循環之下，賴瑞的日子窮困而潦倒。

終於，他鼓起勇氣，回到原來任職的公司，請求總經理給他一份他能做的工作。總經理讓他去行政部門工作。

同事們看到賴瑞回來，都非常高興，熱烈地歡迎他，讓他重新嚐到了人間的溫暖與友情，重燃起對生命的希望。

但因為行動不便，賴瑞在行政部門公文書的傳遞上發生了困難，而且因為他的聽力喪失，常常聽錯長官的指示，也常誤會了同事們的需要。有一次，在一場宣傳活動中，因為賴瑞的失誤，險些釀成不可估計的業務損失。總經理不得不找他去，問他是否願意再調個無關要緊也無足輕重的職務。

賴瑞很難過、也很懊惱，他捨不得現在的職務，於是請求總經理讓他再試一段時間。賴瑞表示，為彌補聽力的障礙，他願意開始學習電子傳訊，用email來和同事溝通，他相信，用文字溝通就不會出錯了。

總經理答應了他。

但是自此以後，賴瑞卻覺得公司的同仁對他已經不再那麼和善及熱情了。他想：「大概是連續幾件失誤，讓同事們愈來愈討厭我吧！」

他常常看到同事們圍在一起竊竊私語，不知道在討論什麼事，也不邀他參加，於是他只有默默走開。

以前同事們下班常有些聚會或餐敘，都會幫賴瑞推輪椅，邀他一起前往，但是從這事件之後，大家都很忙，再也沒有下班後的聚會或聊天了。同事們都要參加每星期一、三、五下班後的另一項活動，地點就在公司裡。但是這項活動也沒有邀賴瑞參加。

賴瑞心裡非常難過，不由得自怨自艾，並且憤世嫉俗起來。

他想：「我真沒用！什麼事都做不好。但這些同事們也未免太現實了，對殘障的我一點同情心也沒有！」

他愈來愈忌妒、埋怨，甚至想破壞同事們下班後的聚會活動。

有一天下班，賴瑞決定假裝有東西忘了帶，回公司去拿，要一探同事們的活動，準備進行破壞。

當他走進公司，大家都嚇了一大跳。公司裡並沒有他原來想像中的卡拉OK或跳舞之類的，同事們是在上課，公司請了專家來講授「照顧殘障人士的技巧」，同時還有電腦課，教授同仁們學會打字、上網。

原來，當賴瑞向總經理要求用email及網路來與同事溝通時，總經理就計畫安排這樣的訓練，藉機提升公司員工操作電腦的水準。總經理一說出這個構想，立刻獲得同仁們熱烈的反應，連以前抗拒學電腦的幾位資深同事，都表示願意犧牲下班後的時間來學，為的就是要改善與賴瑞的溝通。

他們說：「為了賴瑞，我們願意！」

賴瑞看到這個景象，聽到總經理的解釋，眼眶充滿了淚水。同事們如此有愛心，對他如此友善，甚至擔心無意之間傷了他的自尊心，還刻意要學習照顧殘障人士的技巧，他真是太感動了！

想想他之前的埋怨與感傷，多麼愚蠢啊！他差點因為自己的多疑，釀成不可收拾的後果。

朋友！沒有信心的人，對自己多疑，也對別人多疑；有信心的人，能夠自信，也能信任別人。

身體殘障、或經歷打擊的人容易缺乏信心，性格難免多疑。但信仰能夠醫療這樣的疑心病。因為信心是戰勝疑心病的最佳利器。基督徒藉著每天的讀經、禱告，就是要操練信心。

懷疑，是魔鬼的種子，要行破壞之事。

信心，則是上帝的種子，用愛來戰勝這世界。

耶穌趕緊伸手拉住他，說：你這小信的人哪，為什麼疑惑呢？

——《馬太福音》第十四章三十一節

耶穌對他們說：為什麼膽怯？你們還沒有信心嗎？

——《馬可福音》第四章四十節

6 聖誕童子軍

今年的聖誕節，十三歲的比利並不快樂。因為他的弟弟不久前在一場車禍中不幸喪生。這是比利第一次過著沒有弟弟的聖誕節。

比利和弟弟從小玩在一起，感情很好。這些日子以來，比利經常思念弟弟禁不住流淚。尤其聖誕節近了，百貨公司的櫥窗充滿了聖誕禮物，四處迴盪著聖誕歌聲，比利觸景生情，更加懷念過去和弟弟一起度聖誕節的快樂日子。

今年的聖誕夜是在馬莉姑姑家過的。整個家族團聚在一起，十分熱鬧。比利的爺爺、奶奶還有親戚長輩，為了安慰比利一家的傷痛，特別挑選了好多精美的禮物送給他們。為了讓比利開心，比利的爸爸媽媽也花了很多時間為他準備禮物，比利獲得了許多他一直很想要的禮物。

雖然他很喜歡這些禮物，也很喜歡大家團聚的熱鬧氣氛，可是少了弟弟，比利心裡還是很憂傷。

吃過聖誕大餐之後，比利跟父母說他想去附近找朋友，然後會自己回家。比利的父母看得出他想念弟弟不開心，也就鼓勵他去。

於是比利披上奶奶剛送他的聖誕禮物——一件暖和的毛呢外套，戴上爺爺剛送他的帽子與手套，把其他剛得到的禮物都塞進大袋子裡，擱在叔叔剛送他的雪橇上，拖著雪橇就出門了。

比利想去找的朋友是他童子軍隊的隊長凱文，他覺得凱文真是個正直又聰明的隊長，一定能夠了解他現在的心情。凱文和守寡的母親住在一間貧民公寓裡，凱文常常需要打些零工貼補家計。

比利來到凱文的貧民公寓，但令他失望的是，凱文並不在家。

比利正轉身要回家之際，他看到很多小屋子裡有聖誕樹和聖誕裝飾品，其中一家，從窗子看進去，是破破舊舊的房間，空蕩蕩的壁爐上鬆垮垮地掛著一隻聖誕襪。有個婦人坐在旁邊哭泣。

那隻聖誕襪讓比利想起以前他和弟弟一起過的聖誕節，他們倆總是把聖誕襪並排掛著，隔天一早，襪子就會鼓鼓的，裝滿了禮物。但是他現在看到的這隻聖誕襪，卻是扁扁的，沒有禮物。

比利突然想起，他今天還沒有「日行一善」呢！這可是童子軍的信條。在這個念頭還沒有消失前，比利趕快過去敲了那家的門。

裡面的婦人問：「是誰呀？」

比利說：「我可以進來嗎？」

婦人開了門，看到比利拉著雪橇，上面滿滿的都是禮物，以為比利是來收禮物的。於是她說：「我很歡迎你進來，但是我沒有禮物給你，連我自己的孩子都沒有禮物啊！」

「我不是要來收禮物的。」比利回答她：「請妳在我這些禮物中挑一些喜歡的送給妳的孩子吧！」

「真的嗎？謝謝你呀！願上帝祝福妳！」婦人驚訝地說。

她挑了一些糖果、玩具、模型飛機、拼圖等，當她挑上那個比利的父親剛送他的童子軍手電筒的時候，比利差點叫出來，那是他一直很想得到的禮物啊。

終於，整隻聖誕襪裝滿了禮物。

「你能告訴我你叫什麼名字嗎？」婦人很感激地問即將離開的比利。

「嗯，就叫我聖誕童子軍吧！」比利回答。

比利走出婦人的家，心中有一股感動，一種說不出的喜樂充滿心中。他發現，他並不是世界上唯一傷心的人。

比利把其他禮物都送出去了，送給那棟貧民公寓裡其他的孩子。他的毛呢外套，也送給了一個縮在角落冷得發抖的男孩。

比利慢慢地踱回家，天氣好冷。他把所有的禮物都送光了，真不知道該怎麼跟爸爸媽媽解釋，也不知道他們能不能了解。

「你的禮物呢？兒子！」爸爸看到他進門，什麼東西都沒帶，趕忙問。

「噢，我送人了！」比利答。

「什麼？姑姑送的模型飛機？奶奶送的外套？你的手電筒？我們還以為你很喜歡這些禮物的呢！」

「我是很喜歡哪！」比利囁嚅著回答。

「那你為什麼那麼衝動就送人呢？你要我們怎麼向爺爺奶奶、還有親戚們解釋？他們為了想讓你開心，可是花了很多時間為你挑選的。」媽媽說。

「那好，比利！你沒選擇了。我們不可能再買任何禮物給你了。」爸爸口氣堅決地說。

比利覺得很難過，弟弟不在了，爸爸媽媽對他失望，他覺得好孤單。他從來不期望他做的好事得到什麼報酬，因為他曉得，行善本身就是一種獎賞，否則就失去行善的光采了。所以他也沒想再要禮物。然而，他開始懷疑這輩子是否還能再抓住今晚那份真正的喜樂，他以為已經擁有了，卻一下子飛逝。

比利思念著弟弟，啜泣著上床。

隔天早上，他起床下樓來，爸爸媽媽正在看電視，節目正播放著聖誕音樂。主播說話了：「大家聖誕快樂！今天早上，我們最棒的聖誕故事是來自貧民公寓。那裡有個肢障的孩子，早上得到一件禮物，是一架新的雪橇；另一個小男孩得到一件毛呢外套。好幾個家庭都說他們的孩子昨晚收到了禮物，非常快樂。這些禮物來自於一個少年，沒有人知道他是誰，他自稱是『聖誕童子軍』，但貧民公寓的孩子們都認為他就是聖誕老公公的化身。」

比利感覺到爸爸的手臂環繞過他的肩膀，他看到媽媽含著眼淚對他微笑。

「你怎麼沒告訴我們？我們都不知道呢！兒子！我們真以你為榮！」

聖誕詩歌迴盪在空中，整間房子充滿著歌聲：「在至高之處榮耀歸與上帝！

在地上平安歸與祂所喜悅的人。」

朋友！這是一篇在美國童子軍網站上流傳的故事。童子軍一向標榜「日行一善」，「隨時隨地幫助人」的守則，並鼓吹「爲善不爲人知」的美德。

美國童子軍的信念係來自於基督教義。聖經中明白教導我們如下的訓示：

「在耶和華——你神所賜你的地上，無論哪一座城裡，你弟兄中若有一個窮人，你不可忍著心、揝著手不幫補你窮乏的弟兄。總要向他鬆開手，照他所缺乏的借給他，補他的不足。」（《申命記》第十五章七節、八節）

「你手若有行善的力量，不可推辭，就當向那應得的人施行。你那裡若有現成的，不可對鄰舍說：去吧，明天再來，我必給你。」（《箴言》第三章二十七節、二十八節）

「你施捨的時候，不要叫左手知道右手所做的，要叫你施捨的事行在暗中。你父在暗中察看，必然報答你。」（《馬太福音》第六章三節、四節）

「我凡事給你們作榜樣，叫你們知道應當這樣勞苦，扶助軟弱的人，又當記念主耶穌的話，說：施比受更爲有福。」（《使徒行傳》第二十章三十五節）

朋友！你日行一善了嗎？

在耶和華──你神所賜你的地上，無論哪一座城裡，你弟兄中若有一個窮人，你不可忍著心、揝著手不幫補你窮乏的弟兄。總要向他鬆開手，照他所缺乏的借給他，補他的不足。

──《申命記》第十五章七節、八節

7 木盒子

麥修現在是個成功的電機工程師，工作忙碌而頗有成就。他必須經常在世界各地飛來飛去，大小會議不斷。也因為忙碌，所以他很少有時間陪太太和小孩。

有一天，他接到家鄉母親打來的電話：「麥修！隔壁的韋恩伯伯，呃，就是你乾爹，他過世了。葬禮就要在這星期天舉行，你最好回來參加一下。」

「嗯嗯，我得瞧瞧我的行程。」麥修的行程表在秘書那兒，他得先問問才知道有沒有時間。

「麥修！我希望你回來！你乾爹過世，你應該回來的，不是嗎？」母親說。

「是的，我是該回去參加乾爹的葬禮。好！我會想辦法排出時間的。」麥修想到乾爹的樣子，就決定無論如何都要請假回去，於是答應母親。

韋恩伯伯是麥修小時候的鄰居，就住在麥修家隔壁。他結婚多年，膝下無子，一直從事電器維修工作，小鎮上每戶家庭的電器壞了，都是找他維修的。

麥修的父親早逝，韋恩伯伯擔心麥修的童年缺乏父愛，所以收了麥修當乾兒子，非常照顧他，可以說是麥修童年真實生活裡的父親。

麥修記得念小學時，每天放學，他總是放下書包就往隔壁韋恩伯伯家跑，看韋恩伯伯修理拆回來的電風扇或洗衣機，直到母親叫他回家吃飯為止。韋恩伯伯也會教麥修一些修電器的方法，有時候還讓他小試一下。

有時候，韋恩伯伯要去客戶家修電線、電器，麥修總吵著要跟，韋恩伯伯拗不過他，總是答應他。好幾次，客戶還以為麥修就是韋恩伯伯的兒子。

韋恩伯伯也非常關心麥修的學業，還有他交朋友的情形。麥修還記得他大學考試放榜那天，韋恩伯伯焦急地等消息，比他還緊張。一聽到麥修考入第一志願的著名大學，韋恩伯伯高興地請他們全家上小鎮最好的餐廳慶祝。但從此麥修到都市去上大學，跟韋恩伯伯的聯繫就少了。

經過大學、研究所、結婚、生子，麥修只有在每年聖誕假期回家鄉看母親時，才會跟韋恩伯伯見上一面。只聽說韋恩伯母幾年前過世了，韋恩伯伯獨自一個人居住。因為沒有孩子，靠姪子就近照顧。如今終於敵不過年老，也去世了。

麥修答應母親要返鄉參加韋恩伯伯的喪禮。他安排星期日上午一早的飛機回去，等葬禮結束就立刻趕回來。他的秘書說他星期一的行程滿檔。

喪禮非常簡單，參加的人並不多。韋恩伯伯家本來就人丁稀少，這下更是寥落，來的都是鎮上一些老客戶和老鄰居。

喪禮結束，麥修回到母親的家，還是和他小時候一樣的老家。韋恩伯伯的房子仍在隔壁，只是空蕩蕩的，顯得異常孤寂，因為主人離開了。

韋恩家的人還沒有決定如何處置韋恩伯伯這間老舊的房子，他們告訴麥修說，韋恩伯伯臨終時有交代：「只要麥修要的，都留給麥修。」

韋恩伯伯的東西雖然老舊，卻充滿著麥修小時候的回憶。

麥修感動地想：「韋恩伯伯真是貼心呀！」只要麥修珍惜的記憶，韋恩伯伯都願意替他保留。

麥修一邊回憶，一邊信步走到隔壁。韋恩伯伯的客廳、房間、家具、甚至工具箱，都還是麥修再熟悉不過的東西。麥修一一撫摸，一陣難過湧向心頭。睹物思情，麥修濕了眼睛。

「當初如果沒有韋恩伯伯從小教我那麼多電機的原理跟經驗，我也不會走上電機工程師這條路的！其實，韋恩伯伯就是我的啟蒙老師啊！」麥修的腦中不斷浮現小時候跟在韋恩伯伯後頭當小跟班的情景。他現在事業有成，功勞最大的可說就是韋恩伯伯呀！

麥修走到韋恩伯伯的櫥櫃旁，想起一個木盒子，那是麥修小時候在學校做的勞作，一直被韋恩伯伯珍藏在櫥櫃裡。

「奇怪！怎麼不見了？」麥修有點詫異，心想大概不知被誰拿走了。

麥修想起小學五年級時，學校教到木工這門課，麥修做好這個木盒子，就拿去給韋恩伯伯。

他記得他那時候非常鄭重地跟韋恩伯伯說：「這個盒子送給您，讓您裝您最寶貴的東西。」

韋恩伯伯一直留著這個木盒子，前幾年麥修聖誕假期回家鄉時，還看到那個盒子在韋恩伯伯的櫥櫃上。現在不知為何不見了。

喪禮當天下午，麥修就搭飛機回到他工作的都市了。進家門的時候，發現信箱裡有一封通知，原來是郵差來過了，因為沒有人在家，於是留下通知要他去領包裹。

麥修隔天去郵局把包裹領回來，一打開，赫然是那個木盒子！就是那個他小時候送給韋恩伯伯的木盒子。

木盒子被保存得很好，顯然受到細心的照顧。麥修打開來，裡面是一封韋恩伯伯寫給麥修的信，字跡顫抖，看得出是出自一個握筆不甚穩妥的老人。

信上寫著：「麥修！你說過這盒子要裝我最寶貴的東西。感謝你在我這一生陪伴我這麼多甜蜜的時光，那正是我最寶貴的。」

麥修的眼淚不禁流了下來。韋恩伯伯從小照顧他長大，一直都是韋恩伯伯在付出，應該是他要感謝韋恩伯伯才對呀，沒想到韋恩伯伯卻來感謝他，還認為那是他一生最寶貴的時光！

「早知道韋恩伯伯這麼珍視我的陪伴，我就該多回家鄉看看他才對。」麥修十分懊悔。本來以為長大了，不用再給韋恩伯伯添麻煩了，誰知卻是留下一個老人的落寞與孤單。

一抬頭，麥修瞥見桌上太太和兒子的照片，還有一張兒子用稚嫩的筆跡寫給他的卡片：「親愛的爹地：祝你父親節快樂！」

麥修決定明天跟公司請個假，好久沒帶兒子去動物園玩了。

朋友！你現在的木盒子裡裝的是什麼呢？是名利、事業、財富、地位嗎？等到行將就木，你的木盒子裡又會裝什麼呢？可以肯定的，絕對不會是那些帶不走的東西。帶得走的只有感情與回憶。

人生最寶貴的是在付出！

付出所帶來的快樂與滿足感，將創造一生最美好的回憶。

好施捨的，必得豐裕；滋潤人的，必得滋潤。

——《箴言》第十一章二十五節

義人施捨而不吝惜。

——《箴言》第二十一章二十六節

8 律師的時間

富蘭克是一個工作非常忙碌的資深律師，幾乎很少回家吃晚餐。通常他晚上回到家，孩子都已經上床，或正要上床。他的太太和小孩總是抱怨說很久沒有丈夫或爸爸了。

富蘭克總是想：「讓我再多賺一些時候，就可以放手交給新進的律師去做。現在要趁年輕多賺一點錢。反正以後我會補償太太和小孩的。」

有一天，富蘭克拖著疲憊的身子回家，六歲的兒子傑森居然還沒有睡，正在等他回家。

富蘭克詫異地問：「傑森，有什麼事嗎？」

小傑森說：「爹地，找你們律師，是算鐘點付費的嗎？」

富蘭克回答說：「是呀！律師是算時間計費的。每個人的職級不同，能力不同，收費也不一樣。」

傑森剛上小學一年級，富蘭克以為是學校要做報告交功課，所以很高興他幫得上忙。

他進一步告訴兒子：「像爹地的職級算是高的，每小時的收費兩百五十元。」他頗得意地分析給兒子知道。

富蘭克發現，跟兒子聊天很愉快。如果能夠幫助孩子，滿足他在成長上的需要，當然是件非常快樂的事。

他看到小傑森眼睛裡充滿了崇拜的眼神，顯然也很喜歡爸爸這樣跟他這聊天。親子之間迴盪著濃濃的親情。富蘭克發現，他竟有一絲感動起來。

突然，小傑森說：「爹地，那借我一百元好不好？」

富蘭克一下子提高了警覺，說：「咦！我以為你是要寫報告，所以才問我那麼多；原來你是要向我要錢。那可不行！你得先告訴我你要買什麼才可以。」

富蘭克皺皺眉頭，心想：「孩子什麼時候養成了這種要錢的壞習慣？」

小傑森搬出手指頭，說：「我零用錢已經存了一百五十元了，你再借我一百元，我就可以買你一個小時。你明天下班早一點回家，陪我玩一個小時，教我做功課，好不好？」

富蘭克愣了一下，望著小傑森渴望的眼神，淚水差點奪眶而出。他抱起兒子，答應了他。小傑森手舞足蹈地歡呼起來。

富蘭克決定從第二天起每天準時下班。兒子要一個小時，他願意給三個小時。當然，是免費的。

朋友！你是否在忙碌中迷失了自己？你是否因忙碌而錯失了許多人生美麗的風景？

你有多久沒有陪伴年邁的父母好好吃頓飯了？你有多久沒有陪年幼的孩子談心、做功課？你是否看得到雙親寂寞空洞的眼神？你是否察覺得出兒女渴望期盼的心情？

你有沒有想過忙碌的結果，只換來一堆轉眼成空、帶不進棺材的物質。而忙碌的代價，卻可能讓你失去承歡膝下的滿足，子欲孝而親不待；也讓你失去陪著兒女成長的快樂，親子如同陌生人。

忙碌，注定是在追逐著一場必然的懊悔；注定追求到的是一個人間的遺憾！

朋友！既知這樣的結局，何不早些懸崖勒馬，回頭是岸？

你們雖然曉得這些事，並且在你們已有的真道上堅固，我卻要將這些事常常提醒你們。

——《彼得後書》第一章十二節

似乎憂愁，卻是常常快樂的；似乎貧窮，卻是叫許多人富足的；似乎一無所有，卻是樣樣都有的。

——《哥林多後書》第六章十節

9 只摻了一點點

很多做父母的都很難說服青少年的子女們不要去看一些限制級的電影、書籍，或雜誌。詹姆士就是這樣的父母。

詹姆士有兩個青少年的孩子，女兒十三歲，兒子十一歲。他早已和他們約定好不准去看限制級的電影。

有一天，孩子們跑來要求詹姆士准許他們去看一部很賣座的「特別輔導級」（PG-13）電影。這級的電影並不適於十三歲以下的兒童觀看，如果硬要看，專家建議一定要有父母陪同。

詹姆士沒有答應他們，於是孩子們七嘴八舌地遊說父親。

女兒說：「這部電影有我最喜歡的電影明星。我同學都去看了，為何爹地您這麼頑固？」

兒子也說：「我同學也去看了，教會也有人去看。他們說這部電影其實根本沒什麼不妥。」

詹姆士堅持說：「專家標成特別輔導級，一定有他們的標準和道理。」

女兒說：「爹地，我當然有先去問清楚。裡面是有說一點點髒話，但只有說三次；是有一點點色情，只不過是性暗示，又沒真的演出來；是有一點點暴力，但只不過是建築物被炸掉，這種鏡頭電視上也常看到。根本沒什麼！真的，絲毫沒有影響！」

孩子們又說了許多這部電影的好處：劇情很好，特效做得很棒，懸疑的氣氛也掌握得恰到好處，還可能在影展中得獎。

他們並且說這部電影非常賣座，同學們都在討論，如果沒去看，就沒法參與同學間的話題，「爹地，你不希望我們被同學孤立吧！」他們說。

反正就是強調這部電影優點很多，遠勝過一點點的小缺點。

詹姆士聽完孩子的遊說，還是不肯屈服。他說：「我還要再想想，再說吧！」

孩子們的不滿與不服寫在臉上。

傍晚，詹姆士邀孩子們來吃他親手烤的餅乾。

他說：「這是我按照最受歡迎的食譜做的，只是加了一點點新的東西。」
孩子們問：「你加了什麼新東西？」
詹姆士回答：「也沒什麼！只有一點點狗大便。」
孩子們大叫：「噁心！我才不要吃！」
詹姆士遊說他們：「狗大便真的只有一點點，根本沒影響的！其他大部分的成分都是非常棒的材料，上等的巧克力、還有核桃。而且烘烤的溫度和時間也非常恰當。我保證絕對是很好吃的餅乾！」
他誇張地表示：「而且這是你們最親愛的爹地親手為你們做的。你們不想讓爹地傷心吧？」
孩子們仍然掩著鼻子，一副寧死都不肯吃的樣子。
詹姆士說：「這餅乾優點那麼多，遠勝過一點點小缺點，你們幹嘛這麼頑固？」
不管怎麼說，孩子就是不肯吃。
最後詹姆士說：「這餅乾就和你們想去看的電影一樣，都只有一點點不對。照你們所說的，根本沒影響！這樣吧！如果你們肯吃這餅乾，就可以去看那部電影。」

孩子們齊聲說：「那我情願放棄！」就跑開了。

以後，每次孩子們再要求要看某些限制級的電影或書報雜誌時，詹姆士就問：「那要不要我再烤一次狗大便餅乾啊？」

孩子們立刻結束這個話題。

朋友！摻了一點點色情暴力的影片，就如摻了一點點狗大便的餅乾，不一樣就是不一樣！

胡適先生寫過一篇文章──〈差不多先生〉，描述一個做事不認眞、不精確的懶人，卻被大家稱讚爲不計較、有德行的圓通大師。大家學習他的榜樣之後，就成了懶人國了。

差不多先生容許一點點不一樣，輕易妥協，認爲沒什麼影響。

其實，不一樣就是不一樣，往往看似沒有影響，實則失之毫釐，差之千里。

基督教的教義不容許向罪惡妥協，沒有什麼「差不多」的灰色地帶。

《哥林多後書》第六章十四節說：「你們和不信的原不相配，不要同負一軛。

義和不義有什麼相交呢？光明和黑暗有什麼相通呢？」

《馬太福音》第五章三十七節又說：「你們的話，是，就說是；不是，就說不是；若再多說，就是出於那惡者。」

商業電影向觀眾洗腦，世俗大眾也跟著相信：一點點邪惡是沒有關係的，是可以接受的。

朋友！你教育孩子是否也跟著世俗隨波逐流呢？

教養孩童，使他走當行的道，就是到老他也不偏離。

——《箴言》第二十二章六節

10 爸爸的新車

年輕的爸爸丹尼爾每個月省吃儉用，終於存夠錢，買了一部新車。

他非常寶貝這部新車，每天下班後都要擦拭一番，還不時清洗、打蠟，然後滿意地端詳半天，才進屋內。

丹尼爾有個五歲的兒子叫漢斯，看爸爸這麼愛惜他的新車，也隨著爸爸的情緒，洋溢著一股興奮。

每天傍晚，漢斯倚在窗邊等著爸爸下班，一看到爸爸的車子開進院子，就連蹦帶跳跑出來迎接，跟著爸爸東瞧瞧、西弄弄，幫著爸爸整理他的寶貝車。父子之間的互動十分親密，兩人都很享受這段親子之間的甜蜜時光！

有一個星期五，丹尼爾下班開車回家，心想：「今天工作得太累了，反正明天放假，今天就不洗車了吧！明天再洗！」

漢斯蹦蹦跳跳跑出來，聽見爸爸說因為太累了，今天不洗車！就體貼地幫爸爸拿公事包進門，心想：「爹地工作這麼辛苦，我該怎麼幫他呀？」

漢斯瞥見車子外表留有下午下雨的雨珠和一些灰塵，於是自告奮勇地說：「爹地！您休息！今天我幫您洗車！」

丹尼爾聽了頗為感動，抱抱親愛的小漢斯，就讓他去了，自己回房去休息。

漢斯要洗車，一下子找不到抹布，從後院進了家門，看到廚房裡媽咪平常刷鍋子的鋼刷，腦中浮現了媽咪用力刷著鍋子的模樣。「嗯！要學媽咪這樣使力，才能幫忙爹地！」

於是漢斯拿著鋼刷，沾上水，用力在車子上來回刷洗，就像媽咪刷鍋子一樣。

刷了半天，奇怪！怎麼愈來愈不對勁呀？平常爹地洗車子，都是愈洗愈乾淨，愈洗愈晶亮，怎麼我愈洗愈花呢？

小漢斯帶著一臉狐疑，跑去問爸爸：「爹地！爹地！我這樣洗車好像不太對，跟您平常不太一樣，您快來看！」

丹尼爾應聲出來看，差點昏倒！他辛辛苦苦存錢買的新車，他至為寶貝心愛的車子，才一轉眼，就變成這樣大花臉了！

小漢斯從爸爸臉上的傷心、怒氣，也知道自己闖禍了，不禁嗚咽著哭了起來。「怎麼會這樣？怎麼會這樣？我是想幫爹地的忙呀！」

丹尼爾頓覺一股怒氣往上衝，想一把將小漢斯抓起來毒打，但腦中立刻想起一起新聞事件：加州有一名卡車司機，也因為女兒刮壞了他心愛卡車的鈑金，盛怒之下，把女兒的雙手用鐵絲綁起來，吊在那裡處罰。等到他想起來去把女兒放下來時，女兒的手掌已經組織壞死，必須切除了。這件事造成卡車司機莫大的遺憾，最後舉槍自殺，也在女兒心中留下永遠的恐懼。

這則新聞當時十分轟動，震懾許多父母的心。丹尼爾想起這件事，警惕自己不要太衝動。

於是他「砰」地把門關上，進房間去禱告。他說：「上帝呀！不要讓我變成那個卡車司機，求祢光照我，讓我曉得到底該如何處罰小漢斯才不致過當。」

不久，上帝果然光照他：「何必看表面，要看的是內心呀！」

於是丹尼爾開了房門出來。小漢斯正在抽搐掉淚，看到爸爸出來，嚇得一動也不敢動。丹尼爾心中一緊，把小漢斯抱起來，說：「爹地知道你想幫爹地的忙！謝謝小漢斯！爹地雖然愛車子，但是更愛小漢斯！」

朋友！盛怒之下的衝動，常會造成一生永遠無法彌補的遺憾！

但是盛怒之下的禱告，卻可以帶來平安、節制，與保住幸福的智慧。

聖經揭櫫聖靈所結的九個果子，節制就是其中之一。「聖靈所結的果子，就是仁愛、喜樂、和平、忍耐、恩慈、良善、信實、溫柔、節制。」（《加拉太書》第五章二十二～二十三節）

節制，讓盛怒中的人仍然保有愛心。即使孩子犯了過錯讓父親生氣，但父親仍然是愛孩子的。愛裡沒有懼怕，父親的愛，可以把孩子的懼怕除去。

聖經應許我們，只要我們憑信心禱告，聖靈就會做我們隨時的幫助，賜下我們需要的果子。「我們只管坦然無懼的來到施恩的寶座前，為要得憐恤，蒙恩惠，作隨時的幫助。」（《希伯來書》第四章十六節）

朋友！盛怒時請記得快去禱告！讓上帝賜智慧提醒你節制，不要衝動將愛心斬首，迫幸福含淚離去！

愛裡沒有懼怕；愛既完全，就把懼怕除去。因為懼怕裡含著刑罰，懼怕的人在愛裡未得完全。

——《約翰一書》第四章十八節

耶和華不像人看人：人是看外貌；耶和華是看內心。

——《撒母耳記》（上）第十六章七節

11 真愛

很久很久以前，大家都住在一個島上，包括快樂、傷心、知識、還有其他，當然也包括愛。

有一天，天使向大家宣佈：「這個島要沉了，你們趕快離開，逃命去吧！」

於是大家開始修船，紛紛離去。

只有愛，他是唯一留下來的一個。

愛說：「我要忍耐到最後一刻。」

最後一刻到了，這個島幾乎完全沉到看不見了。這時候，愛才決定要走，他開始找人幫忙。

剛好富有駕著一艘大船經過。愛叫住他說：「富有！你能載我一起走嗎？」

富有搖搖頭回答說：「不行！我船上裝滿了金銀財寶，已經沒有空間給你了！」

虛幻也正駕了一艘漂亮的船經過，愛向虛幻求助：「虛幻！能幫我一下嗎？」

虛幻回答說：「不！你全身濕答答的，會弄髒我的船。」他獨自走了。

傷心正好也在附近，愛向他求助：「傷心！讓我跟你一起走吧！」

但傷心也不肯，他說：「不了！我太傷心了，所以必須自己獨處！」

快樂也剛好從旁邊經過，愛同樣向他求助。但是快樂太快樂了，根本沒聽到愛在喊他！

最後，有一個聲音說：「來吧！愛！我載你！」那是一個長者。

愛覺得太榮幸了，高興得忘了問長者的芳名。

當他們到達乾地，長者就走了。

愛發現他欠這名長者這麼多，就問另一個叫知識的長者說：「知識！你知道剛剛載我的那名長者是誰嗎？」

「她是時間！」知識回答他。

「時間？」愛追問：「為什麼時間要幫我？」

知識帶著智慧的微笑說：「因為只有時間和智慧，才能夠真正了解什麼是愛啊！」

朋友！人間充滿愛。父母子女之間有愛，兄弟姐妹之間有愛，老師學生之間有愛，朋友與朋友之間有愛，牧者與會眾之間有愛，天父與世人之間有愛。

愛，使人間美麗。

人間有愛，因爲創造人間的上帝先愛。《約翰一書》第四章十九節說：「我們愛，因爲上帝先愛我們。」

事實上，上帝就是愛。這是基督教最基本的教義。「從來沒有人見過上帝，我們若彼此相愛，上帝就住在我們裡面，愛祂的心在我們裡面得以完全了。上帝就是愛；住在愛裡面的，就是住在上帝裡面，上帝也住在他裡面。」（《約翰一書》第四章十二節、十六節）

愛是什麼呢？《哥林多前書》將愛的眞諦說得很清楚：「愛是恆久忍耐，又有恩慈；愛是不嫉妒；愛是不自誇，不張狂，不做害羞的事，不求自己的益處，不輕易發怒，不計算人的惡，不喜歡不義，只喜歡眞理；凡事包容，凡事相信，凡事盼望，凡事忍耐。愛是永不止息。」（第十八章四節～八節）

沒有失去愛，不會懂得珍惜；年輕人往往不懂愛，因爲尚未經歷失去。沒有體驗過愛，也不會了解愛的偉大；愚蠢的人往往不懂愛，因爲缺乏智慧去洞悉愛無窮無邊的能力。

從聖經裡，人們找到上帝；從上帝身上，人們找到愛。從愛裡，人們看到堅硬的頑石點頭，冰冷的寒霜融化。宇宙萬物在愛裡仍然生生不息，四時運轉在愛裡中依舊日夜不停。

愛，是永不止息。

上帝就是愛；住在愛裡面的，就是住在上帝裡面，上帝也住在他裡面。

——《約翰一書》第四章十六節

第二部

快樂的賣魚人

在工作中自得其樂，

甚至帶給別人快樂，這是最棒的工作態度。

12 纏結

一家紡織廠裡面有許多紡織女工，各個埋頭操作，她們正把一大團紗線慢慢織成有紋路的布。

細細的紗線非常容易打結，一不小心就纏在一起。甚至纏在織布機上面，造成機器故障，必須耗時耗力才能修好，要等大半天才能恢復生產。所以每一台機器旁邊都立了一個告示牌，寫著：「機器如果纏線，請馬上通知領班。」

但是即使這樣警告，機器還是經常故障，而且每一組的領班都不停地在紡織機旁忙得焦頭爛額，不斷幫助不同的女工解決纏線的問題。每次一弄就要大半天。

到月底計算生產績效的時候，領班發現，績效最好的是那位最常叫她的女工，領班一天要去幫她解決好幾次纏線的問題；而績效最差的，卻是那位只找過她幾次的女工，但領班每一次都要花很久的時間才能把她機器上的纏結打開。

經理頒獎給那位績效最好的女工，大家圍著恭喜她，並且問她心得：「妳到底有什麼訣竅？為什麼能做得那麼快？你的機器不也常纏線嗎？常聽到妳叫領班過去呀！」

這名女工謙虛地笑笑，指指機器旁邊的告示牌說：「我哪有什麼訣竅？我不過就是照告示牌說的，每次機器纏線，就馬上叫領班呀！」

其他女工七嘴八舌地說：「我們不也一樣嗎？我們也是有問題就找領班呀，為什麼就不能像你一樣？」

這時，領班說話了：「因為妳們找我的時候，通常都已經纏線纏了一會兒了，每次我都得弄半天才能把纏結解開。你們已經習慣先靠自己解決，等解決不了才找我。但那時候，纏結都已經比較難解了。

「但是績效最好的那位，卻是最聽話、最聰明的。因為她是一發現纏線就馬上叫我，我只要花幾秒鐘就能幫她弄好，她馬上就能恢復工作。她叫我的次數雖然最多，但我花在她那裡的時間卻最少，她受到的耽擱也最少啊！」

朋友！我們做人處事是不是也像大多數的女工一樣，不聽信專家的話，寧可自作聰明地用自己的方法去解纏結，結果卻愈解愈纏，等到後悔了想回頭，卻已經來不及了？

上帝正是我們生命的領班，凡事祂都有解。就看我們是要快快地找祂、常常找祂，還是要等到走投無路了才莫可奈何地找祂。

懂得時時倚靠祂的人，是最聰明的，必創下優異的人生績效。不懂得倚靠祂的，人生之路豈能不窒礙難行呢？

你要專心仰賴耶和華，不可倚靠自己的聰明，在你一切所行的事上都要認定他，他必指引你的路。

——《箴言》第三章五節、六節

13 大律師的原則

查理斯是一名成功的大律師。他有兩個兒子，傑佛瑞七歲，安德魯五歲。父子的感情非常融洽。

傑佛瑞和安德魯平常看爸爸穿上律師袍，專門為弱勢的人伸張正義，像電視影集裡的英雄，對爸爸簡直崇拜極了，認為他是正直、公義的化身。

兩個人都立志學爸爸，以後要成為受人尊敬的大律師。查理斯也以此期勉他們，平常戲稱他們為「傑佛瑞大律師」、「安德魯大律師」。

一個天氣晴朗的周末，查理斯帶著兩個兒子去看球賽。他們走到售票口買票。查理斯問：「一張票多少錢？」

售票員是個婦人，回答說：「十元，大人小孩票價相同。不過要看小孩幾歲，六歲以下的兒童免費入場。」

售票的婦人一邊說，一邊笑瞇瞇地看著兩個英俊的小男生，忍不住稱讚說：「這兩個小男孩真可愛呀！」

查理斯接口說：「謝謝妳的稱讚！這位是傑佛瑞大律師，今年剛滿七歲；這位是安德魯大律師，今年五歲。我們三人共要付妳二十元。」

售票的婦人呵呵笑了起來：「哎呀！先生！你剛中了彩券是嗎？你大可把這十元省下來呀。你其實可以說這孩子六歲，我一點也不會懷疑的。」

查理斯笑著回答她：「妳說的雖然沒錯，但是這位傑佛瑞大律師不會這樣做的，他總是對當事人說：『你瞞不過上帝的，還是誠實吧！』」

朋友！勿以善小而不爲，勿以惡小而爲之。因爲所有的事情都瞞不過上帝。

律師訓練的第一條守則就是要絕對的誠實。即使是一點小謊言，也不被容許，因爲誠實是最好的策略。誠實也是訴訟中最佳的武器。

訴訟中，如果因一點小謊而失去法官的信任，那麼再多的辯解也很難扭轉法官的心證。因此，正直的律師會告誡當事人：務必要誠實。而正直律師的勝訴機率要比不正直的律師高多了。

聽明的人，會選擇正直的律師，走正直的道路。聖經也教我們：「無知的人以愚妄爲樂；聽明的人按正直而行。」（《箴言》第十五章二十一節）、「正直人的純正必引導自己；奸詐人的乖僻必毀滅自己。」（《箴言》第十一章三節）因爲，上帝正是按公義審判世界，按正直判斷萬民。（《詩篇》第九篇八節）

耶和華的言語正直；凡他所做的盡都誠實。

——《詩篇》第三十三篇四節

14 時間管理的原則

一名教時間管理的教授給學生們作實驗。他拿了一個玻璃缸，旁邊放了一堆手掌大小的鵝卵石、一袋小碎石、一袋沙和一桶水。每樣東西堆立在那裡，看起來都比玻璃缸還高。

他問學生們能不能把這些東西全部都放進玻璃缸裡？

幾乎每個學生都搖頭，因為光是放那堆立起來比玻璃缸還高的鵝卵石，就不夠放了，何況其他東西。

於是教授出來示範，他先把鵝卵石一個一個地放進去。整堆放完時，剛好擺滿了一缸。

教授再抓起小碎石，一把一把地放進去，只見小碎石滾進大石頭間的空隙裡，各自找到了安置的空間，整袋小碎石也都裝進去了。

這時，玻璃缸看起來已經沒有空隙了，那堆沙能放得進去嗎？大家一片狐疑。

只見教授從沙袋裡抓起一把沙，慢慢倒進玻璃缸裡，然後將缸搖一搖，再抓一把，慢慢放入，再搖一搖。果然，沙子流到了缸底，塞在大小石頭的空隙間。沒多久，整袋的沙都放進去了。

最後，教授拿起那桶水輕輕倒下去，水流到玻璃缸各角落，一下似乎都看不見了。慢慢倒了幾次，整桶水居然又全部裝進玻璃缸裡去了。

在學生的驚呼中，教授問學生：「從這個實驗，你們可以學習到什麼？」好幾名學生舉起手來願意做答，教授點了其中一名。他說：「我們看到，儘管你很忙，看起來根本沒有時間，但是只要認真喬一下，還是擠得出時間。」

教授說：「很好，這正是時間管理的一個原則：正如看起來已經裝滿的玻璃缸，只要安排得當，還是可以容得下很多其他的東西。所以，只要時間管理得法，看起來已經很忙的行程表，還是可以擠出時間來做一些其他的事。」

教授繼續問：「還有一個更重要的原則，有沒有人發現？」

學生們思索著，最後終於有一個學生猶豫地舉起手，不太有把握地說：「應該是要先把鵝卵石放進去吧，這樣其他東西才放得進去。」

教授說：「對極了！這正是時間管理最重要的原則：先做最重要的事。」

他解釋說：「正如要先把鵝卵石放進玻璃缸，才放得進砂石和水。如果次序倒過來，就不可能成功。所以，一定要把最重要的事情先做好，才可能做好其他的事，如果次序倒過來，很可能什麼事都完成不了。」

朋友！俗話說：「鞭打快馬，事找忙人！」意思是說：找人做事最好找忙人，比較容易快完成。因爲忙人懂得時間管理，會妥善運用空隙，再忙也擠得出時間來完成託付的事。

生活中總有許多事要做，時間似乎總是不夠用。專家建議將所有的事按重要與不重要、緊迫與不緊迫分類，然後先做重要又緊迫的事，其次做不重要但緊迫的事，再做重要但不緊迫的事，最後做不重要又不緊迫的事。

往往先做好重要又緊迫的事，就容易陸續完成其他的事。

那麼，生命中什麼才是最重要又最緊迫的事呢？

無可諱言，尋求天道、與上帝同行，是生命中最要緊的事。

很多信徒都有過這樣的經驗：在每天清晨，藉著讀經、禱告與上帝交通，尋求祂的旨意與祂的指引，那麼接下來的一整天，做事效率大增，事半功倍。即便再麻煩的事也往往迎刃而解。

如果每天能先把「與上帝見面」這件最要緊的事做好，等於在一日行程開始，即掌握了天意與天道，那麼踏上一日的旅程，焉能不順心呢？

朋友！你有每天和上帝見面嗎？你有把這件事當成最要緊的事先做嗎？

耶穌回答說：第一要緊的就是說：以色列啊，你要聽，主——我們神是獨一的主。

——《馬可福音》第十二章二十九節

15 不能妥協

有一個小男孩興高采烈地跟父親到湖邊去釣魚。

湖邊立著明顯的告示牌，寫著這個湖的規定：「本湖魚類的產卵期為七月到九月，為了保護魚種，七月一日起到九月三十日止，禁釣超過三公斤的魚。」

小男孩學父親把魚餌掛上，丟擲到湖裡，然後等待著浮標的震動。

晚上九點多的湖畔，月色很美，湖邊樹木的倒影在月色下顯得寧靜安詳。四周靜悄悄的，沒有別人，只有這對父子，他們正專心享受釣魚的樂趣。

突然，小男孩的釣竿動了，他迅速地將釣竿往上收，釣竿沉重地往下拉。小男孩知道釣到了一條大魚，趕忙喊父親來看。

果然是一尾漂亮的魚，顯然超過三公斤。

父親看看手錶，對兒子說：「現在十點鐘，離十月一日還有兩小時，還在禁釣期。孩子，把魚放回去吧！」

小男孩央求父親說：「爸爸！我好不容易釣到這麼漂亮的一條魚，讓我留著吧！這麼晚了，又沒人看到。而且，只差兩小時而已。」

父親堅定地回答：「別說差兩個小時，就算差兩分鐘也是違規。誠實是不能打折扣的。雖然沒有人看見，我們卻騙不了自己。」

小男孩沮喪地把魚放回湖裡去，說：「好吧！可是我這輩子恐怕再也釣不到這麼漂亮的魚了。」

三十年之後，小男孩成為一名成功的企業家，他在接受媒體訪問時說出了上述的童年故事。

他的確沒有再釣到過那麼漂亮的魚，但是他說：「每當我碰到一些模稜兩可的事情，這條魚就會出現在我腦海中。不論是做生意、談判、交友、用人，該堅持的事，我一定會堅持。就像蓋歌劇院，別說差兩公尺，差兩公分我都不會妥協。」

朋友！政治講求彈性，商業講求雙贏，感情講求包容。但是眞理與道德卻不能妥協，誠實與正義是不容折扣的。

上帝的誡命是眞理與道德的依歸，我們只有持守、警醒、堅固、遵行，不能三心二意，不能妥協，不能動搖，也不能打折。

事實上，眞正要達到具有彈性、雙贏與包容的理想人生，必須先在眞理與道德上建立一些不能妥協的堅持，否則再圓融的理想也會淪爲遙不可及的夢。

政治上的彈性，要建立在共同對正義目標的堅持，方能互相妥協退讓。商業上的雙贏，要建立在彼此對誠實的堅持，方能互相成就。感情上的包容，要建立在一致對愛的堅持，方能互相體諒。

不容對罪惡妥協是基督信仰中很重要的元素，聖經說：「愛人不可虛假；惡要厭惡，善要親近。」（《羅馬書》第十二章九節）

而堅定持守、不妥協、不打折更是信仰人生的基本態度，聖經不喜悅不堅定的人。「心懷二意的人，在他一切所行的路上都沒有定見。」（《雅各書》第一章八節）

眞正持守上帝的道，才有成功圓滿的人生。

我們若照耶和華——我們神所吩咐的一切誡命謹守遵行，這就是我們的義了。

——《申命記》第六章二十五節

16 快樂的賣魚人

美國西雅圖有一個魚市場，叫派克魚市（Pikeplace），備受觀光客歡迎，已經成為熱門的觀光景點。

這個魚市場以歡樂著名，顧客湧到這裡來，不只買魚，還可以得到快樂。大家一傳十，十傳百，各地的觀光客紛紛慕名前來。

許多媒體也來報導這個派克魚市，不是因為它賣的魚比其他魚市場新鮮或便宜，而是因為它具有其他魚市場找不到的特色：它可以把顧客逗得發笑，開開心心地把「快樂」打包回家。

派克魚市在它的網頁上自我介紹說：「除了販賣品質最好、最新鮮的海產之外，我們把工作做得很好玩，這讓我們聲名大噪。」

派克魚市到底是怎樣製造歡樂呢？其實說穿了也很簡單，就是魚販每天像遊戲一般工作，發揮創意，把工作做得逗趣好玩。

顧客一進派克市場的入口，遠遠就看到一群人圍在魚市前面，以為是在觀看什麼表演，湊過去一瞧，原來是魚販把做生意做成了喜劇表演。

不時聽到魚販用誇張的表演聲調喊著：「一條鮭魚飛到明尼蘇達去囉！」鮭魚果真就在半空中飛過，引起觀眾的驚呼和掌聲。

魚販們口裡哼著歌，還彼此唱和；而且個個身手不凡，把魚兒拋在空中，接過來、傳過去，好不熱鬧！不時發出驚嘆的呼聲，像影片的音效，具有十足的娛樂效果。

他們與顧客的互動也像喜劇表演，不時讓顧客參與拋魚的遊戲，讓顧客開心得合不攏嘴。一名年輕的魚販用誇張的表情把鮭魚的口打開給小朋友參觀，讓小朋友就像進到活生生的博物館去玩一樣。

魚販們的歡樂也感染了附近的上班族，許多衣著整齊、西裝筆挺的人喜歡來這裡吃中餐，和魚販們玩一下，快樂一下，然後帶著愉快的心情回去上班。

派克魚市在企業管理的領域也非常有名。他們對待每一條魚和顧客的方式，特殊而成功，已經被拍成教學錄影帶，並寫成書。內容主要不在於教如何賣魚行銷，而是教「如何享受工作的樂趣」。因為他們創造了一個「像遊戲一般」的工作環境，建立了「寓工作於遊戲」的價值觀，成為企管專家肯定、推崇的對象。「買魚送快樂」，物超所值！難怪派克魚市生意興隆。因為他們娛樂自己，也娛樂別人。

朋友！快樂是可以自己創造的，也是可以生產的。派克魚市就成功地生產了「快樂」這項副產品，比主產品得到更多的肯定與迴響。

喜樂的人生是基督徒追求的價值觀。聖經清楚地指出：「要常常喜樂，不住的禱告，凡事謝恩；因爲這是神在基督耶穌裡向你們所定的旨意。」又說：「你們要靠主常常喜樂。我再說，你們要喜樂。」

上帝要我們喜樂，這是誡命！

要常常喜樂，不住的禱告，凡事謝恩；因為這是神在基督耶穌裡向你們所定的旨意。

——《帖撒羅尼迦前書》第五章十六～十八節

「你們要靠主常常喜樂。我再說，你們要喜樂。」

——《腓立比書》第四章四節

17 自我設限

有一個老農夫，把一頭碩大的水牛圈在草地。那草地上有一個小小的木樁，老農夫就把牛拴在木樁上。

那木樁僅有水牛龐大身軀的十幾分之一。只要水牛稍微一使力，木樁肯定會從地上脫落。

老農夫的小孫子這幾天剛好到鄉下來玩，看到了這龐大的水牛跟小小的木樁，就問爺爺說：「爺爺，這木樁這麼脆弱，你用它拴這麼大的一頭水牛，難道不怕牠掙脫嗎？」

老農夫神秘地笑一笑，「不會的，牠不會掙脫的，牠一直就是這樣子的。」

小孫子一副不可置信的表情。

老農夫知道他的疑惑，悄聲跟他說：「其實，當這頭牛還是小牛的時候，就給拴在這個木樁上了。剛開始，牠也不是乖乖地待著，總會不時想從木樁上掙脫，可是，牠那時力氣小，折騰了半天也掙脫不了，後來牠就放棄了。」

「牠長大了以後，反而再也沒想過要去跟這根木樁鬥，就這樣一直乖乖地被綁著了。」老農夫繼續說。

「有一次，我拿草料餵牠，故意把草料放在遠一點，牠伸長脖子也搆不到，我試試看牠會不會掙脫木樁去吃草。」

老農夫嘆口氣說：「牛啊，就是牛，牠只叫了兩聲，就放棄了。只站在原地望著草料，不動了。」

老農夫拍拍小孫子的肩膀，「我沒真的綁牠，牠可是自己綁自己呀！」

朋友！綁住水牛的不是木樁，而是牠自己。

多少時候，我們也像水牛一樣，被一些假想的藩籬唬住了？

不過是一些稍一使力就可以脫落的小木樁，卻能虛張聲勢地把我們拴在那裡不得動彈！

說穿了，其實是我們自己選擇自我設限，甚至自我放棄，甘於被捆綁。

這些把我們唬住的小木樁，常常不過是一些過去失敗的經歷，或是挫折命運的暗示，讓我們缺乏自信，不自覺就被唬住了。

朋友！在你人生的道路上，如果遇到障礙，請先瞧一瞧，或許不過是個小木樁罷了，何須自我設限呢？

你們當剛強壯膽，不要害怕，也不要畏懼他們，因為耶和華——你的神和你同去。祂必不撇下你，也不丟棄你。

——《申命記》第三十一章六節

18 少賺一點

有一個生意人，有一次聽牧師證道，呼籲信徒應將所得的十分之一拿出來做奉獻。

牧師說：「上帝特別在聖經中應許，只要切實遵守什一奉獻的人，祂必賜福。祂承諾要敞開天上的窗戶，把更多的福分賜給這樣的人。」

牧師並說：「上帝從來沒有說過你們來試試我，只有在這件事上這樣說。我們也從很多例子印證，切實遵行什一奉獻的人，後來確實都賺得比先前還多。你們不妨試試看。」

這名生意人剛剛投了一筆資金籌建一個製造電話機的生產工廠，每天為他的生意禱告。一聽到牧師這樣說，就決心試試看。

第一個月，生意人剛開張的生意還沒有打出品牌知名度，賺的錢有限。但他恭恭敬敬地拿出十分之一到教堂奉獻了。

以後每個月，他都照著牧師的話這樣做。

一年以後，他的生意愈做愈有起色，顧客很喜歡他的產品，電話機的銷售狀況逐步起飛，訂單湧至。

生意人非常高興，向牧師表示：「上帝真的是信實的上帝！果然照祂的應許，把福氣傾倒給我。」他跪下來禱告感謝上帝。

每個月當奉獻的十分之一所得，他更是歡歡喜喜遵守。賺得愈多，當然奉獻也愈多。

三年過去，生意人的事業更發達了，不僅產品廣受消費者歡迎，他又併購了另一家工廠，儼然成為成功的企業家了。

他變得愈來愈忙碌，漸漸少來教堂參加聚會了。只是他的什一奉獻仍然按時繳交。現在他奉獻的數字已經相當龐大了，是當初的幾十倍。

有一天，生意人突然跑來找牧師，向牧師抱怨說：「我覺得什一奉獻這個規定不太合理，我沒錢的時候奉獻十分之一才幾千元，現在我每個月奉獻十分之一就要十幾萬。應該奉獻百分之一就很多了。」

他說：「我奉獻得實在太多了！牧師！有沒有辦法解決這個問題呀？」

牧師默不作聲。

生意人仍然在十分之一、百分之一等數字上打轉，算過來，算過去。

最後，牧師說：「我看只有一個辦法解決。」

生意人好奇地問：「什麼辦法？」

牧師說：「讓我們跪下來禱告，求上帝不要再倒錢給你了，讓你少賺一點吧！那你以後就不用奉獻那麼多啦！」

朋友！上帝是信實的，祂並沒有失信。只要切實將當納的十分之一奉獻出去，都可以經歷到上帝在聖經裡應許的福分。

奉獻愈多，賺得愈多！

但往往失信的是我們。許多人就像這位生意人一樣，賺得不多時，捐個十分之一並不覺得什麼；等賺多時，十分之一的金額相形增加，看到應當捐獻的數目，就開始猶豫、不捨了。

因此，賺的愈多，反而愈捨不得奉獻。

其實，上帝並不看重我們奉獻的數字，祂看重的是我們奉獻的心。聖經說：「耶和華喜悅燔祭和平安祭，豈如喜悅人聽從他的話呢？聽命勝於獻祭；順從勝於公羊的脂油。」（《撒母耳記》（上）第十五章二十二節）

我們跟上帝這樣斤斤計較，一旦上帝也跟我們計較，後果多麼可怕！

萬軍之耶和華說：你們要將當納的十分之一全然送入倉庫，使我家有糧，以此試試我，是否為你們敞開天上的窗户，傾福與你們，甚至無處可容。

——《瑪拉基書》第三章十節

你們要給人，就必有給你們的，並且用十足的升斗，連搖帶按，上尖下流的倒在你們懷裡；因為你們用什麼量器量給人，也必用什麼量器量給你們。

——《路加福音》第六章三十八節

第三部

公車與花束

用柔和謙卑的態度讓事情單純化，

回歸事情的本質，就不會因為態度不好而模糊了焦點。

19 綠寶石鑲鑽項鍊

辛克萊是個小生意人，他祖父的祖父曾經是歐洲的貴族，但到祖父那一代就已經沒落了。

辛克萊有個年輕漂亮的太太，她發現丈夫的身世之後，非常引以為榮，認為貴族世家應該屬於上流社會，應該和各界名流來往。於是她極力結交權貴，企圖擠身上流社會。

她在一場服裝發表會中認識了威爾遜太太，威爾遜先生是位名醫，許多權貴及名流都找他醫病看診，因此威爾遜太太認識許多貴夫人，經常和她們一起逛街、聊天。

辛克萊太太於是和威爾遜太太結為好友，透過威爾遜太太的引介，辛克萊太太也參加了貴夫人們的聊天會。

有一次，這群貴夫人中的一名企業家夫人要為她剛選上議員的兒子舉辦一個盛大的晚會，邀請各界名流參加。威爾遜夫婦與辛克萊夫婦都接到了請帖，聽說總統及總統夫人也會出席這場盛宴。

這是辛克萊夫婦第一次參加名流的社交宴會。辛克萊太太心想：「要想出人頭地，可得好好把握這個機會。我和丈夫可得好好打扮打扮，絕不能太寒酸，顯得小家子氣。」

她約了威爾遜太太一起去逛街治裝，請威爾遜太太提供意見。

辛克萊太太在著名的百貨公司為辛克萊先生買了一套全新的西裝，也為自己買了一件墨綠色天鵝絨晚禮服。

試穿的時候，威爾遜太太說：「我有一條項鍊，是墨綠色的寶石鑲碎鑽做的，和你這件禮服很搭配。」

辛克萊太太順勢說：「我回家若找不到可以搭配的項鍊，宴會那天，就向妳借那串項鍊用一晚吧。」

辛克萊太太心想，威爾遜太太的手飾一定名貴得很，家裡那些寒酸的首飾哪裡比得上？有幸借來戴一晚，一定可以讓自己增色不少。

晚宴前一天，辛克萊太太就去約了威爾遜太太喝下午茶，並向威爾遜太太借了那串綠寶石鑲鑽的項鍊。

晚宴上，不僅辛克萊先生對太太這身打扮稱讚有加，連總統夫人也走過來讚美說：「這串項鍊真是讓妳氣質出眾。」

威爾遜太太更是向她眨眨眼睛，開玩笑地說：「我從來不知道這串項鍊有這麼好看，早知道就不借妳，我自己戴！」

晚宴結束了，辛克萊夫婦仍然興奮不已。回家前，他倆還去河邊散步了一會兒，談論宴會上的趣事及新認識的朋友，直到累了才回家。

等到上床時，辛克萊太太突然發現，她借來的那串項鍊不見了。回想一下，肯定是在河邊散步的時候掉的。

她把辛克萊先生吵醒，到河邊找了半天，但都沒有找到。河邊散步的人不少，要是被發現的話，早就被人家撿走了。

辛克萊太太非常沮喪，心想這下可糟了。她如何向威爾遜太太交代？

他倆一晚都無法入睡，辛克萊太太說：「如果讓大家知道，多丟臉啊！」辛克萊先生想想，說：「那只好去珠寶店買一條還人家了！」

但是到哪裡去買一條一模一樣的項鍊呢?辛克萊太太從來沒進過真正的珠寶店，她的珠寶都是地攤上買來的呀!

辛克萊太太想起一家非常有名又昂貴的珠寶店，上次和威爾遜太太逛街的時候有進去過，店員似乎都和威爾遜太太很熟。聽說貴夫人們也經常在這家店出入，連總統夫人都是他們的常客。

辛克萊太太想:「說不定威爾遜太太的那串項鍊就是在那裡買的。」於是連忙過去尋找。

到了那家珠寶店，店員很快認出她是威爾遜夫人的朋友，立刻過來熱心地招呼。她看到珠寶店的玻璃展示櫃，正好有一串綠寶石鑲鑽的項鍊，和她丟失的那串一模一樣，她心想:「威爾遜太太果然是在這家買的!」連忙把這串項鍊買了下來。

簽支票的時候，辛克萊太太才注意到，這串項鍊的價錢簡直是天價。這張支票簽出去，她和辛克萊先生多年的存款恐怕都要飛了。

「別想那麼多了!還是先還給威爾遜太太再說吧!」她遲疑了一下，果敢地簽下了那張支票。

項鍊還給了威爾遜太太，辛克萊太太鬆了一口氣。晚上，辛克萊太太把這件事告訴先生，並說出了項鍊的價錢。

辛克萊先生一聽到價錢，睜大了眼睛，不敢置信地問：「什麼？我有沒有聽錯？妳再說一遍？」

等到確定聽到的是那個天文數字，辛克萊先生差點昏倒。

隔天一早，他打電話去銀行想把支票止付，銀行說來不及了，珠寶店昨天傍晚就已經把錢提走了。

那張買珠寶的支票讓辛克萊先生陷入了可怕的財務危機。原來辛克萊先生前個星期剛進了一大批貨，打算用銀行存款來付這批貨款，但現在存款拿去買項鍊，就沒有錢付貨款了。於是支票連鎖跳票，辛克萊先生只得忙著東湊西借，疲於奔命。

債主不斷找上門來，辛克萊先生應付得心力交瘁。屋漏偏逢連夜雨，這時，辛克萊先生又病倒了，必須住院醫療，不但沒法照顧生意，醫藥費又是一筆沉重的負擔。

一天，辛克萊太太收到銀行的通知，說房屋貸款欠繳，必須拍賣房子。辛克萊太太只好搬到醫院旁的小公寓去住，以便就近照顧先生的病。半年之後，他們的財務還是撐不住，辛克萊夫婦只得宣告破產，依靠政府的貧戶救濟金過日子。

辛克萊太太怎麼也想不懂，為什麼一串項鍊居然會給她們家帶來如此殘酷的厄運。她沒有心情再去找威爾遜太太問個清楚，也沒有臉再和貴夫人們往來。等到辛克萊先生康復出院，他們就搬到鄉間小鎮去住了。

在鄉間小鎮的日子，辛克萊夫婦把自己的心靈封鎖，不和任何人來往，過著離群索居的生活。鄰居們在他們臉上從來看不到任何笑容。

辛克萊太太對先生充滿歉意，用沉默和孤獨懲罰自己。她想：「若不是辛克萊先生的身體還需要我照顧，我老早就了此殘生了！」

他們封閉、抑鬱的情懷，一直到教區牧師連續多次來訪之後，才逐漸抒展開來。

在牧師的關懷與帶領之下，他們成了教友，在耶穌基督的救恩中，釋放了長久對命運的埋怨與痛苦的煎熬。

辛克萊先生開始嘗試恢復做小生意，在牧師與教友的支持下，他向小鎮的銀行貸款，買下鎮上一家文具店，開始辛勤地工作。

為了不讓辛克萊先生太過操勞，辛克萊太太也盡量到店裡幫忙。進貨、補貨、賣貨、點貨，辛克萊太太學習所有小店需要的商業技巧。她終於了解支票與銀行之間的運作關係，也終於搞懂為什麼那張買珠寶項鍊的支票開出去後，會引起先生連鎖跳票了。

辛克萊太太以贖罪的心情，在店裡什麼事都做。像極了灰姑娘的模樣，和過去嬌貴的她，簡直判若兩人。而她樸實的作風與親切的招呼，也讓小店的生意日益興隆。

鄰居們發現，展開笑容的辛克萊太太居然還是個大美人。

有一天，店裡需要到大都市去採買補貨，辛克萊太太體貼先生那陣子太勞累，自告奮勇說要代替先生去出差。

辛克萊先生親了親太太，就送太太到火車站去搭車。從小鎮到他們從前居住的大都市，需要搭四個小時的火車。

辛克萊太太抵達中央車站後，步行到發貨中盤商位於商業中心的公司，辦好了事情之後，準備立刻搭下午的火車回小鎮去。

她看看手錶，離火車開動的時間還有一小時，她走向行人步道區的咖啡座，想坐下來喝杯咖啡休息一下。

正在她專心點餐的時候，一位太太走過來，移動她旁邊的座椅，她抬頭一看，竟然是七年未曾謀面的威爾遜太太。

威爾遜太太一把握住辛克萊太太的手，激動地說：「你們跑到哪裡去了？我找你們找得好辛苦！我持續禱告了好幾年，希望上帝幫我找。現在終於找著了！這下可不放妳走了。」

辛克萊太太詫異地問：「為什麼要找我們呢？」

威爾遜太太說：「因為我發現妳還我的那串項鍊並不是我的呀！我要找到妳好還給妳呀！」

辛克萊太太好奇地問：「一模一樣的項鍊，你怎麼知道不是你原來借給我的那串呢？」

威爾遜太太說：「我有一天到那家珠寶店去逛，又看到一串一模一樣的綠寶石鑲鑽項鍊，那是那家珠寶店的招牌商品。店員告訴我說妳前幾個月才買下同樣的一串，問我是否動心要買。」

「我回答說，我才不買！那麼貴！我先生不知要看診看多久才能賺到這樣的數目。回家以後，我心想妳還真富有，買這麼貴的項鍊戴，一定是對我借妳那串假寶石假鑽石的項鍊很不滿意。到那時，我才把妳還我的那包東西打開，把項鍊拿出來看，赫然發現這家珠寶店的標籤還在上面，所以我知道妳還我的這串項鍊就是妳向這家店買下來的那串。」威爾遜太太說。

辛克萊太太詫異地問：「妳怎麼說妳借我的那串項鍊是假寶石假鑽石的呢？你不也是在同一家珠寶店買的嗎？」

威爾遜太太說：「我的那串是假的啦！當初這家珠寶店推出這一個款式的項鍊之後，就介紹我看，我覺得漂亮雖漂亮，但太貴了！當然，那麼多鑽石鑲的，不貴也難！但是我就是嫌貴，堅持不買。有一天我到義大利去，在一家小店發現有好多精美的鑲鑽項鍊，鑽石全是玻璃假鑽，但做工滿細的，一百元一串，真是便宜，我一口氣就買了十串，各式各樣的。借給妳的時候忘了告訴你是假鑽。不過你瞧，那天戴在妳身上，比真鑽還好看哪！」

辛克萊太太呆住了，這簡直像天方夜譚！他們夫婦倆在這串項鍊的魔咒下經歷了多大的苦難，到頭來居然是一串假項鍊，多麼不值得呀！

威爾遜太太繼續說著：「我當時發現妳拿錯項鍊還我了，就想找妳換回來，但是妳家一直沒人接電話。後來我直接到妳家去找，卻發現銀行正在貼公告要拍賣房屋，這才曉得妳家出事了。怎麼這樣不告而別呢？朋友本來就要互相幫忙的呀！」

威爾遜太太催促著辛克萊太太說：「你別再讓我找不到了，總要把項鍊換回來呀！」

辛克萊太太嘆口氣說：「你借我的那串項鍊不小心被我弄掉了，就是因為如此，我才去買一串還給妳呀！沒想到這一下卻改寫了我的人生。」

威爾遜太太聽完了辛克萊太太的遭遇，忍不住抱著辛克萊太太，流下了不捨的眼淚。

「都是我不好，應該早告訴妳那串項鍊是假的。」威爾遜太太懊悔萬分。

「不，不是！這都是上帝的好意！祂要除掉我的愛慕虛榮，要釋放我靈魂的捆綁。」辛克萊太太語重心長地回答。她告訴威爾遜太太，「我已經揮別了厄運的陰影，徹底從牢籠裡走出來了！」

最後，威爾遜太太終於把那串天價的綠寶石鑲鑽項鍊還給了辛克萊太太。但是辛克萊太太已經不再需要它了，於是就把它掛在文具店的牆上當裝飾品，以便隨時提醒自己，勿忘那段牢籠般陰暗歲月的教訓。

她現在可是對重生的生命充滿感恩！

而那串掛在牆上的鑽石項鍊，雖然偶爾會引起顧客的注意，卻沒有人覬覦它，大家都認為那不過是一串便宜的假鑽項鍊罷了。

朋友！你是否也曾受困於慾望的枷鎖？遭遇到厄運的咒詛，心靈被捆綁在黑暗的牢籠？

人類與生俱來的罪性與原始慾望，正如枷鎖般將我們的靈魂禁錮在黑暗的牢籠裡。貪慕虛榮、覬覦富貴，逼使我們孜孜矻矻、汲汲營營，生命難以獲得絲毫喘息。

這正好給魔鬼一個大好的機會，不費吹灰之力就捆綁了我們的心志，奴役了我們的靈魂。

跳脫厄運，我們需要天父的恩典！釋放捆綁，我們需要基督的憐憫！

朋友！你是否已揮別厄運的陰影，從黑暗的牢籠中被釋放了呢？

基督釋放了我們，叫我們得以自由。所以要站立得穩，不要再被奴僕的軛挾制。

——《加拉太書》第五章一節

並要釋放那些一生因怕死而為奴僕的人。

——《希伯來書》第二章十五節

20 公車與花束

有一天在公車上，車上乘客不多，幾乎都坐在前半車廂的博愛座，後半車廂的一般座椅只有兩三個人。

一名中年婦人帶著一大把花束上了車，看看前半車廂的博愛座還有兩個位置，於是自己坐一個位置，把花束放在另一個位置上。

一名年輕人上了車，看了看四周，朝著放花束的椅子走過去，以為那是個空位，一看，位置上有一大把花束。

他在放花束的座位旁站了一會兒，示意花束的主人把花移開，但那名中年婦人假裝沒看見，不為所動。

年輕人皺了皺眉，也沒出聲，就坐到後面的位子去了。心想：「碰到這麼沒公德心的人，算我倒楣！不跟她計較。」

不多久，上來一個胖女人。胖女人也朝四周看了看，也以為放花束的位置是個空位，於是走過去打算坐下，一看也發現有一把花束擱在位置上。

胖女人看看後半車廂雖然還有很多空位，但心想：「我不喜歡坐後邊，後邊車廂座位太顛簸。還是把花拿起來讓我坐吧！」

她站在花束的座位旁不走，示意花束的主人把花束挪開讓她坐，沒想到那名中年婦人仍然假裝沒看見，沒有任何動作。

這下，胖女人不客氣地開口了：「這位置是給人坐的，不是給花坐的。怎麼這麼沒公德心！」她的口氣相當不悅，有點要吵架的味道。

那名中年婦人看到胖女人這樣口氣不遜，這下躲閃不了，連忙輕聲說：「請妳往後面坐好嗎？後面還有很多空位！」

看到胖女人滿臉怒容，中年婦人又連忙堆滿笑臉補充說：「要不是看後面空位還多，我早就把花拿起來了。」

胖女人這下發飆了：「我愛坐哪就坐哪，這是我的權利。你為什麼不去坐後面？為什麼不把花放後面？奇怪了！這是博愛座，你不知道嗎？真是沒公德心，不知羞恥！」胖女人的態度強硬，出言不遜，和中年婦人吵了起來。

車內的乘客聽到吵架聲，紛紛來勸架。

路人甲說：「哎呀！後面有位子坐就好了啦！吵什麼吵！」

路人乙說：「是呀！才幾步路，到後面去坐嘛！何必那麼斤斤計較？」

連剛剛那位原想坐花束位置的年輕人都衝著胖女人勸說：「別計較了！你這麼兇，都把大家嚇著了！」

胖女人看到大家居然沒有幫她，反而勸阻她，更加生氣了，大罵：「你們這些人有沒有是非？明明是她不對，為什麼還幫她說話？這是博愛座耶，老娘六十六歲了，我才有資格坐博愛座。年輕的都應該起來讓座，何況是花！」

大家看她不聽勸，也就都閉嘴了。中年婦女臉上堆著一副無辜的可憐樣，不發一語，不過仍然沒有讓座。

不久，胖女人氣還沒發完，就到站了。她下車了！

剛剛幾位勸架的乘客在她下車後，輕蔑地說：「真是兇婆娘！」

有一個說：「六十六歲？誰信呀！看她罵人中氣十足，我才不信她是老人。」

這時，司機開口了：「剛剛這位太太真的是老人，免票上車啦！她是這線公車的常客，只坐三站就下車。她的腿有點痛風，所以不喜歡坐後車廂。」

司機隨後對那位中年婦人說：「老實說是妳不對，你不該佔住博愛座的。但是她態度不好，反而沒人管妳對不對了。下次可別再這樣了！」

很多時候，勝負的決定在「態度」，而不是「是非」。朋友！事情一複雜化，就會模糊焦點，原來的是非對錯反而顯得不重要了。

聖經描述耶穌面對事情的態度，總是柔和謙卑，即使面對侮辱，也絕不採取強烈立刻反擊的態度。

耶穌也要我們學習這樣的態度，因爲這樣心裡就能得平安。「我心裡柔和謙卑，你們當負我的軛，學我的樣式；這樣，你們心裡就必得享安息。」（《馬太福音》第十一章二十九節）

用柔和謙卑的態度讓事情單純化，回歸事情的本質，就不會因爲態度不好而模糊了焦點。

回答柔和，使怒消退；言語暴戾，觸動怒氣。

——《箴言》第十五章一節

恆常忍耐可以勸動君王；柔和的舌頭能折斷骨頭。

——《箴言》第二十五章十五節

21 賓士奴

喬治從小就喜歡車子。小時候，只要出門看到小玩具車，一定央求媽咪買給他。才四歲，喬治就已經記得每個廠牌車子的形狀。走在街上，瞄一眼路上行駛中的車子，立刻就說得出是哪一家公司、哪一年份出品的車子。

在所有的車子中，喬治最愛賓士車。

念中學時，喬治的同班同學亞瑟家裡正好有一部賓士車，亞瑟的父親是個有錢的生意人，請了司機負責駕駛這部賓士車。亞瑟知道喬治喜歡賓士車，所以經常拉著喬治，央司機載他們出去兜風。

有一次，喬治和亞瑟在賓士車旁玩耍，兩人鬧著去拉賓士車前那個圓形的標誌，一不小心，那個標誌被喬治扯斷了。司機惡狠狠地要喬治賠償，亞瑟不但沒有幫他說話，還譏笑說：「這個標誌可不便宜哦，你們家賠得起嗎？賠不起的話早點說，我讓我爸爸開恩，放你一馬！」

喬治不想求饒，也不敢告訴父母，於是偷偷地拿零用錢分期付款，償還亞瑟家的司機，但從此就和亞瑟疏遠了。他在心中發誓，以後賺了錢一定要買一部賓士車，他可不想一輩子讓亞瑟看扁。

喬治大學畢業後到中學去教書，仍然夢想有一天能擁有一輛屬於自己的賓士車。問題是，中學教員收入有限，很難買得起如此昂貴的車子。

喬治太太深知他心中這個遙不可及的夢，每逢喬治生日，就去買一輛賓士的模型車送給他。十多年下來，喬治的書櫃裡擺滿了各式各樣的賓士模型車，他一有空就拿出來把玩。他總是幻想著有一天真正擁有一部賓士車，駛在路上奔馳，讓他的身分地位一下子上升好幾倍，四周飄來羨慕的眼光，……那種拉風的滋味，令他飄飄欲仙。

任誰都知道賓士車是喬治的偶像，喬治是賓士車的超級粉絲。

有一年，喬治和太太意外得到一筆小財富。剛好碰到一名賓士車的銷售員向喬治推銷，願意打點折扣給他，他一時衝動，沒有先和太太商量，就買下了一部賓士車。等太太發現，已經來不及了。

喬治太太本來是想拿這筆錢作為買房屋的頭期款，趁手頭較寬裕的時候換一間條件較好的住家。現在錢花在賓士車上，新居泡湯了，只好仍然住在原來的平民住宅區裡。

買了新車，喬治應該很快樂才對，事實卻相反。當這部賓士偶像從喬治的幻想中走進真實世界，不但沒有提升他的身分地位，反而為他帶來無窮的煩惱與不便，讓喬治一家人的生活陷入一股莫名的緊張與壓力中。

因為平民住宅區的房子沒有車庫，喬治只好把賓士車露天停在開放式的院子裡。院子沒有柵欄或圍牆，極易遭竊，於是喬治一家人開始過著擔驚受怕的日子。

他們被迫以車子為中心，只要車子停在院子裡，就一定要豎起耳朵，隨時盯著車子看，避免偷車賊下手，連晚上睡覺也提心吊膽。

以往喬治都是搭公車去學校授課，後來他開了幾次賓士車到校，不但顯得招搖，油錢也是一筆額外的開銷。後來他還是決定搭公車去上班，把賓士車停在家裡。但這卻苦了喬治太太，她不再像以前那樣，可以自由自在地想去哪就去哪。因為不放心把賓士車單獨擱在家裡沒人看顧，怕遭竊。

如果要把賓士車開出去，更要小心選擇地點。若開到貧窮的區域，怕有人因嫉妒或不小心刮傷車體，單是鈑金就很昂貴。

購物中心的免費停車場在顧客稀少的時候也很不安全，喬治太太常必須把車子開到更遠處較安全的收費停車場停放，再走回購物中心買東西。喬治太太失去了悠閒購物的心情，腦中只盤算著停車費一小時要多少錢，以便趕時間去取車。

有一次，喬治必須去一個治安紊亂著稱的社區做研究調查，那裡經常傳出綁架案，賓士車開到那裡，不但經常被破壞，車主還有被綁架的風險。喬治只好向同事借了一部老舊的車，才敢上路。

喬治太太感嘆說：「自從賓士大爺進到我們家以後，全家都變成它的奴隸了。」

一年之後，喬治終於和太太商量，把賓士車賣了。他說：「當了半輩子的賓士迷，可不想再當賓士奴了。」

朋友！聖經教導我們不可崇拜偶像。凡是在我們心中地位高過天道的事或物，都是我們的偶像；都不可盲目崇拜。

偶像崇拜容易讓自己不自覺著迷，爲之驅使，將自己貶抑到奴隸的地位。

有些人拜金，爲取得錢財不擇手段，成爲金錢的奴隸；有些人拜名，爲打知名度不惜犧牲一切，成爲虛名的奴隸。

在偶像崇拜之下，人很容易不自量力。沒有能力卻硬撐，不但非常辛苦，而且注定了要被奴役。

我們心中地位最高的應該是上帝與祂的道。認識上帝，就能破除偶像，不再爲之著迷，更不再成爲被轄制的奴隸。

現在你們既然認識上帝，更可說是被上帝所認識的，怎麼還要歸回那懦弱無用的小學，情願再給他作奴僕呢？

——《加拉太書》第四章九節

22 掛鐘

鄉下有一個農夫，小時候患了小兒痲痺，以致兩腿發育不均勻，一長一短，所以走起路來一瘸一瘸的，俗稱「長短腳」。

他總是自怨自艾，抱怨自己的命運不好。而且認為自己沒出息都是這兩條有缺陷的「長短腳」害的。

農夫有個親戚從城裡來，送了他一口掛鐘，勉勵他說：「這口掛鐘的兩條腿跟你一樣，也是一長一短。但它工作起來可一點也不含糊喔！」

農夫非常喜愛這口掛鐘，把它掛在客廳最顯著的地方。他聚精會神地觀察這口掛鐘如何工作：只見掛鐘的長針與短針一分一秒地走啊走，一到正點，就敲響著「噹噹噹」，幾點就敲幾下。農夫覺得神奇極了，忍不住感嘆道：「這口掛鐘的工作表現果然是一等一呀！」

晚上他要睡覺了，又去看他心愛的掛鐘。掛鐘還是滴滴答答一分一秒不停地走，他欽佩地說：「還是你行，走一整天都不累！我可累了，要去睡覺了。」以後，每天晚上睡覺前，農夫都會走到掛鐘前面，欽佩地向掛鐘立正敬禮。

他覺得掛鐘可以不眠不休，用有殘缺的兩條腿一直不停地走，絲毫不用休息，令他敬佩極了；他自忖自己是做不到的。他拍拍自己的兩條腿，又自怨自艾起來：「你們就是不如掛鐘，害我一瘸一瘸的，一輩子不能出人頭地。」

有一天，農夫發現他心愛的掛鐘突然停下來不走了。長針短針都停止不動，也不敲響。農夫仔細摸摸掛鐘，發現鐘擺還能搖晃，他想：「既然鐘擺還能動，可見這鐘還沒壞死，只是兩條腿壞了。」

他隨即又想：「掛鐘生病了，一定要趕快帶它去修理，免得像我小時候生病而變成了長短腳，誤了我一輩子。」

於是他小心翼翼地把掛鐘的兩條腿拔了下來，用一塊棉布仔細地包好，趕忙拿到城裡的鐘錶店去修理。

鐘錶店師傅一頭霧水，問明原來是掛鐘壞了，這兩條腿不走了，不禁失笑地叫了出來說：「可是它壞掉的是『心』，不是『腿』呀！」

朋友！人也和掛鐘一樣。有缺陷的人生並不是來自於有缺陷的身體，而是來自於有缺陷的心。

身體生病時，可以耐心求醫，心靈生病了，卻沒有藥醫。一如聖經所說：「人有疾病，心能忍耐；心靈憂傷，誰能承當呢？」（《箴言》第十八章十四節）

世上有許多殘而不廢的人，因他們心靈強健，克服了身體的殘疾，潛力不可限。世上也有許多身強體壯的人，卻因爲心靈生病了，寫下殘敗的人生。

願上帝保守我們每一個人的心。

你要保守你心，勝過保守一切，因為一生的果效是由心發出。

——《箴言》第四章二十三節

23 玻璃與鏡子

有一個富有的商人，老是覺得悶悶不樂。成天坐在他那間裝潢得美輪美奐的辦公室裡唉聲嘆氣，也不懂得為什麼會這麼不快樂。

他辦公室那條街角有一間小花店，店雖小，但生意非常忙碌，只有一個花販在張羅生意，忙進忙出，但臉上總是堆滿笑容，還哼著歌，同時親切地跟每一位路過的鄰居打招呼。

這位商人很納悶，心想：「他又沒我有錢，事業也比我差多了，為什麼會這麼快樂？而我卻快樂不起來呢？」

他去請教牧師，央求牧師幫他去探訪那位花販，探究一下花販快樂的秘訣。

那一天，牧師要去探訪花販，走到花店對面，正要過馬路，正在店裡整理花束的花販已經透過透明的窗玻璃看到他了，立刻親切地和牧師打招呼。

牧師走進店裡，花販主動開口與他寒暄，並關心地問：「牧師您是要去探訪會友嗎？對方是什麼年紀？需要我怎麼幫您服務？」

牧師觀察到，花販對所有上門的客人都親切地關心他們的需求，連路過的鄰居，他也會主動打招呼，表達關懷。牧師知道他為什麼活得那麼快樂了。

牧師買了一束花後去拜訪商人。商人的辦公室在大樓最裡面，必須經過警衛、秘書才到。秘書請牧師在會客室裡坐了幾分鐘，牧師才能進去。

牧師環顧商人的辦公室，裝潢非常豪華，沙發十分考究，還有吧台，但沒有窗子，只有一整排的大鏡子。

商人看到花束，知道牧師去探訪過花販了，急切地想知道結果。

牧師問商人：「你去過他那間花店嗎？」

商人輕蔑地回答說：「當然，那店只不過是幾片玻璃而已。」

牧師又問：「那你在他花店抬頭看，都看到些什麼呢？」

商人回答：「看到玻璃窗外一堆吵雜的人來人往呀！」

牧師又問：「那麼你在你的辦公室抬頭看，又看到些什麼呢？」

商人一抬頭，在大片的鏡子裡只看到自己愁煩的臉孔。他答道：「嗯，只看到我自己！」

牧師說：「這就是囉！你老是看到自己，看不到別人，怎麼快樂得起來呢？」

朋友！玻璃與鏡子的差別在於玻璃能讓視線穿透，看到別人的存在；鏡子後面則有一層水銀，阻擋了眼睛的視線，反射回來只能看到自己。

眼睛如此，心靈也是一樣。當心靈透明如水、清淨無礙時，就自然寬廣；若心靈遭到阻擋、有所罣礙時，必然狹窄。

心寬廣的人無私、博愛，樂於付出。心狹窄的人自私、無情、斤斤計較。樂於對別人付出愛心與關懷，會帶來喜樂與福氣；自我中心而吝於付出的人只在意自己，愛心必然消逝，快樂卻也隨之失去。

助人爲快樂之本，施比受更爲有福。這是千古不變的眞理。樂於包容心自寬，勤於施予品自高。願意與否，只在乎一念之間。

聖經教我們要學習耶穌基督的樣式，首先便是要除去「自我中心」的習慣，以基督的心爲心。

基督的心是一顆寬廣捨己的心，是一顆願意給予的心，是一顆有恩慈有憐憫的心。這顆心，締造了生命最高的價值。

不可忘記用愛心接待客旅；因為曾有接待客旅的，不知不覺就接待了天使。

——《希伯來書》第十三章二節

24 懷錶

有一名女教師，她的未婚夫遠赴外地去工作，行前送了她一只懷錶，作為訂情之物。女教師非常珍愛這個懷錶，常常拿出來把玩，聽著懷錶滴滴答答的聲音，見錶如見人。

為了思念情人，女教師把懷錶掛在腰帶上，片刻不離。

有一天，她帶著全班學生到農場去參觀，做戶外教學。他們在一座穀倉裡上課了半天。

沒想到，從穀倉出來時，女老師發現她心愛的懷錶不見了。

她非常著急，發動全班學生回去幫忙找。學生們找遍了穀倉每一個角落，幾乎把稻穀都翻起來了，還是找不到。

女老師傷心得哭起來。同學們面面相覷，不知該如何是好。幾個年紀比較大的同學再回穀倉找一遍，還是沒找到。

這時，農場主人五歲的小兒子走過來，自告奮勇地說：「別傷心，我幫你找！」

女老師和同學們都不抱希望。他們那麼多人仔細地找都沒找到，一個五歲的孩子又有什麼能耐找到呢？

七嘴八舌的議論中，這個五歲的孩子一溜煙跑進了穀倉。

不多久，孩子從穀倉跑出來，手中拿著的正是女老師的懷錶。

女老師喜出望外，高興地擁抱孩子，謝了又謝！然後忍不住問他：「你怎麼找到的？為什麼我們剛剛翻遍了整個穀倉都沒找到？」

孩子說：「我什麼事都沒做呀！我只是靜靜地坐在地上，沒多久，就聽到妳的錶在那裡滴滴答答的聲音啊！」

朋友！耳安靜，能聽聲音；心安靜，能聽良知；靈安靜，能聽天道。

安靜具有極高的價值。耳根清靜之外，也當求心靈的安靜。

聖經說：「上帝不是叫人混亂，乃是叫人安靜。」（《哥林多前書》第十四章

三十三節）

與上帝的道同在，必然可得心靈安靜。安靜，方能承受上帝的恩典。

根據聖經的描述，上帝的聲音是極其微小的聲音。我們心靈若不安靜，如何能聽得到祂的聲音？

我的心默默無聲，專等候神；我的救恩是從他而來。……我的心哪，你當默默無聲，專等候神，因為我的盼望是從他而來。

——《詩篇》第六十二篇一節、五節

25 丟失的手套

火車停靠在月台上，一名老太太大包小包地上了火車，小孫女蹦蹦跳跳地跟在一旁。她們正要去拜訪老太太在外地工作的兒子，也就是小孫女的爸爸。

老太太要小孫女找座位號碼，一陣忙亂之後，她們總算在靠窗的兩個位子坐了下來。

老太太整理著她剛買好要送給兒子的禮物，大包小包的，吃的、穿的、用的都有。小孫女非常興奮，也要擠過來看。

老太太拿出一副皮手套，這是她剛在市場上為兒子買的。她對小孫女說：「這麼冷的天，你爸爸還要在外面奔走，他需要一副好手套。」

頑皮的小孫女一把將手套搶過來，說：「我看，我看！」順手就把手套戴在手上玩耍。小手放在大手套裡，像在玩木偶戲。

火車開動了，愈開愈快。老太太提醒小孫女：「快把手套脫下來，免得掉到窗外去。火車是不可能停下來讓我們撿東西的。」

說時遲那時快，一不小心，擱在窗台上的那隻手套，果然從小孫女的小手上脫落了，一下掉到車外去了。

小女孩著急地大叫：「奶奶，奶奶，手套掉了！手套掉了！」她一臉的懊惱及沮喪。

老太太一聽，抬頭看看窗外，火車剛剛離開月台。突然，她把小女孩手上另一隻手套也丟出了窗外。

「奶奶，你為什麼這樣做？」小孫女大吃一驚。

老太太拍拍小女孩，讓她安靜坐下。對她說：「反正已經掉了一隻，剩下這隻也沒有用了。還不如一起丟出去，讓撿到的人可以用啊！」

朋友！既然自己不能圓滿，何妨成全他人？你能有這樣的胸襟嗎？

許多人做不到，因爲嫉妒的心理。自己無法擁有，也不願別人擁有。自己失去的，更不願別人佔用。

然而，嫉妒對人體是不好的。聖經中說：「心中安靜是肉體的生命；嫉妒是骨中的朽爛。」（《箴言》第十四章三十節）

能夠超越嫉妒而不吝惜地給予，是聖經極力推崇的德行，是義人的行爲。「義人施捨而不吝惜。」（《箴言》第二十一章二十六節）

有些人願意像故事中老太太那樣成全他人，卻感嘆反應太慢，錯失了許多行善的機會。

其實，行善是可以學習、可以操練的。當行善變成一種生活習慣，變成一種自然反應，也就不會錯失機會了。

人若知道行善，卻不去行，這就是他的罪了。

——《雅各書》第四章十七節

你手若有行善的力量，不可推辭，就當向那應得的人施行。

——《箴言》第三章二十七節

26 一公斤

有一個麵包師傅氣沖沖地跑到法院去控告一個賣鮮奶的農夫。

法官問他怎麼回事？

麵包師傅生氣地說：「他賣給我的鮮奶每一瓶都斤兩不足。」

法官問賣鮮奶的農夫說：「你怎麼可以這樣子，你難道不知道這是詐欺嗎？」

賣鮮奶的農夫連忙答辯說：「冤枉呀！法官大人，怎麼可能會有這種事？我送牛奶出去之前都先秤過的。」

麵包師傅於是呈上證物，將一瓶剛送到的鮮奶交給法官。這瓶鮮奶的包裝上注明著「重量：一公斤」。

但法官把這瓶鮮奶放到磅秤上的時候，磅秤顯示的卻只有八百多公克。

法官對賣鮮奶的農夫說：「這下證據確鑿，你還有什麼話說？」

賣鮮奶的農夫非常困惑，連聲辯解：「我們農場在鄉下地方，比較落後。我們沒有用磅秤，都是用傳統的天平。可是我每次送鮮奶到城裡之前，都在天平上秤過的，怎麼會發生這樣的事呢？」

法官問：「天平？那你去把砝碼拿來，看是不是重量不足？」

賣鮮奶的農夫很不好意思地說：「報告法官大人，不瞞您說，上個月我天平上的砝碼被孩子在玩耍時弄丟了。」

法官不耐煩地說：「什麼？弄丟了？那你用什麼東西來秤牛奶？」

賣鮮奶的農夫老實地說：「我這個月都是拿麵包師傅做的一公斤裝麵包來秤的。因為每天我送牛奶去給他，就順便買一包一公斤的麵包回去當糧食。我一回家，就把這袋麵包放在天平上當砝碼，以便秤好同樣重量的鮮奶送去城裡呀！」

這下法官明白了。他看看麵包師傅，問他：「你還要繼續告嗎？如果你還堅持要告，就去把你店裡一公斤裝的麵包拿來秤秤看吧！」

麵包師傅面紅耳赤地回答：「我，我……算了！我撤銷不告了。」

朋友！人貴能自省。有多少時候我們正像這個麵包師傅，振振有辭地指責別人，卻忽略自己也正犯著同樣的錯誤呢？

曾子說：「吾日三省吾身，爲人謀而不忠乎？與朋友交而不信乎？傳不習乎？」能否反躬自省，正是君子和小人最大的差異。

聖經也時常教人要「省察」自己的行爲。許多教堂定期舉行聖禮典，並守聖餐，即引用《哥林多前書》的教導：「人應當自己省察，然後吃這餅、喝這杯。」（第十一章二十八節）目的就在於督促教友省察與悔改。

省察悔改，是得救重生的第一步。

你眼睛就是身上的燈。你的眼睛若瞭亮，全身就光明；眼睛若昏花，全身就黑暗。所以，你要省察，恐怕你裡頭的光或者黑暗了。

——《路加福音》第十一章三十四～三十五節

27 問題不在杯子

一群畢業學生去拜訪以前的老師。

老師很高興，親切地問大家生活得如何。

不料，大家滿腹牢騷，紛紛抱怨生活不如意、不快樂。舉凡工作壓力太大、生活忙碌不堪、商場戰事失利、宦途崎嶇受阻等等，似乎沒有人是順利的。

老師笑而不語，從廚房拿出一堆杯子，擺在桌子上。他要口渴的同學自己倒水喝，別當客人。

這些杯子各式各樣，形態各異，有瓷器的，有玻璃的，有塑膠的，有的看起來豪華高貴，有的則顯得簡陋寒酸。

大家各自挑了自己中意的杯子，紛紛去倒水來喝。即使不覺口渴的同學，也端著一杯水在手上。

等到大家都端了杯水後，老師說：「你們有沒有發現，你們手裡的杯子都是這裡邊好看或別緻的杯子，像這些醜醜的塑膠杯，都沒人挑中它。」

一名同學回應說：「當然囉，誰都希望拿好看的杯子呀！」

老師說：「瞧！這就是你們會覺得不如意，不快樂的原因。」

學生們不明白，齊聲問道：「杯子和不快樂有什麼關係？」

老師說：「那我問你們，你們拿杯子是要做什麼呀？」

學生答：「喝水呀！」

老師說：「既然是為了要喝水，那用哪種杯子有什麼關係？大家需要的是水，又不是杯子。」

學生一個個舉起手中的杯子端詳，也不得不承認說：「是啊！我們需要的是水，又不是杯子。」

老師說：「大家都知道需要的是水，不是杯子，照理說，杯子的好壞，並不影響水的品質。但是大家卻仍有意無意地去挑漂亮的杯子。」

一名學生說：「對呀！我們好像都只在意杯子，沒有人在意水耶。但這和我們生活得不快樂又有什麼關係呢？」

老師說：「如果生活是水，那麼工作、財富、地位就是杯子，它們只是裝著生活的工具。重要的是生活本身呀！但是你們把心思花在杯子上，挑三揀四、滿腹牢騷，哪還有心情去品嘗生活的滋味呢？難怪人人都覺得不快樂！」

一名學生發表意見說：「聽起來是這樣沒錯！但是如果杯子裡裝的是可樂、果汁或酒，大家應該就會把焦點拉回杯內，會在意飲料的本身吧？」

老師回答說：「這就對囉！如果你們可以把生活經營得多采多姿，像可樂一樣年輕有朝氣，像果汁一樣清純有營養，或像酒一樣濃郁有個性，自然會有各種不同的樂趣，那麼，哪會覺得不如意、不快樂呢？」

他說：「生活的本質是在杯子裡面，生活得有沒有意義、快不快樂，問題不在杯子呀！」

朋友！你的生活平淡如白開水嗎？爲什麼不把它經營成豐富的彩色人生？有信仰的生活是豐富的、彩色的。因爲先找著了生活的意義，其他工作、財富、地位等等，就繞著這個意義，成爲生活的最佳工具。

例如童軍以「日行一善」爲信仰，每位童軍都會運用個人不同的地位、財富來奉行他們的信仰。因此，不論個人條件如何，童軍生活因著「日行一善」，變得豐富又多彩。

如果沒有找著生活的意義，卻只是在名位、財富上鑽營計較，那是捨本逐末，本末倒置。這樣的人生不過是一場空洞虛幻，如何能如意、快樂呢？

聖經告訴我們，以上帝爲中心，過一個有信仰的生活，這樣的人生才是最豐富的彩色人生。你何不嘗試一下呢？

其實神離我們各人不遠，我們生活、動作、存留，都在乎他。……有人說：我們也是他所生的。

——《使徒行傳》第十七章二十七、二十八節

你們要謹慎自守，免去一切的貪心，因為人的生命不在乎家道豐富。

——《路加福音》第十二章十五節

28 命運交響曲

有一個創意藝術家，經常利用一些看起來毫不起眼的東西，湊成一幅美麗的圖案或圖畫。看到的人，無不驚喜萬分，拍案叫絕。

有一次，他拿了幾件破衣服、破褲子，還有一些枯樹枝，在偌大的校園裡造景，果然造出一幅生動有趣的熱氣球圖案，在綠色草坪的襯托下，顯得格外醒目，別有創意。

還有一次，他在一片原野上造景。他選擇了好些個黑黑的小土坑，準備開始進行他的創作。

一個在旁邊觀看的小男孩訕訕地說：「這是『魔鬼之坑』，快離開它們吧！在這裡不會有好作品的。」

這位創意藝術家問他為什麼。

小男孩回答說：「這些小坑是這片野地最醜陋的地方。我們在野地裡玩，經常會在這裡跌倒，真是討厭之至。我們叫它『魔鬼之坑』！你幹嘛要選這些小坑來創作呢？」

藝術家笑笑不語。他慢慢地去拿了幾根木材，放在魔鬼之坑上方，再拿一些稻草放在木材上方，看起來好像木材長了馬尾巴。

立刻，小男孩認出來了，他興奮地叫起來：「啊！這是音符！是音符！魔鬼之坑居然變成音符！太奇妙了。」

藝術家仍然沒有作聲，在土坑旁的野地上，用小枯樹枝編出一個高音譜表的記號，再用一些比較長的樹枝將音符連接起來，小男孩興奮地大叫：「五線譜，那是五線譜！」野地裡明顯出現了一道五線譜。

藝術家又對音符做了一點修飾，小男孩跟著五線譜上音符的節拍唱了起來：「梆梆梆梆～～」、「梆梆梆梆～～」連唱幾次，小男孩興奮莫名，喊著說：「這是貝多芬〈命運交響曲〉的節奏，對不對？對不對？」

藝術家點點頭，對小男孩說：「不錯！這正是〈命運交響曲〉。你看！魔鬼之坑也可以變成天使的音符，就看你怎麼創意。」

朋友！創意藝術可以讓醜陋的坑洞，重新誕生出天使的音符。

人的命運也正是如此。只要能「重生」，往往過去讓人跌倒的地方，正是未來譜成優美樂曲的所在。

重生，意味著重新創造。

聖經告訴我們，信仰具有重生的力量。像把寫壞了的字句擦掉重寫，把中毒了的電腦清除重灌。人生，可以重來！

只要掌握了重生的力量，就可以讓人生中的缺點變爲優點，讓命運中的負數轉成加分。

父神曾照自己的大憐憫，藉耶穌基督從死裡復活，重生了我們，叫我們有活潑的盼望。

——《彼得前書》第一章三節

他們經過流淚谷，叫這谷變為泉源之地；並有秋雨之福蓋滿了全谷。

——《詩篇》第八十四篇六節

29 只修了廁所的門

有個年輕人，他有一位很有錢的親戚。一天，這親戚即將遠行，要求年輕人幫他看顧一下他的別墅。

親戚告訴年輕人說：「這別墅裡的任何東西，你都可以盡情享用。客廳、廚房、臥室、花園、酒窖，全部都可以使用，不用客氣。」

親戚走後，年輕人準備好好享受一番。他想像躺在舒服的沙發上看大螢幕電影，到充滿花香的迴廊去喝下午茶，到地下室酒窖拿出上好的醇酒，找朋友來開派對狂歡……。真是無比陶醉。

沒多久，他去上廁所。廁所裡的馬桶是用高級陶瓷做成的，不僅美觀，使用起來又很舒服，令他十分欣喜。

但他注意到廁所的門壞掉了，門栓出現裂縫，使得整個門歪斜，而無法上鎖。

他想：「我如果要找朋友來開宴會派對，廁所不能上鎖，真是非常不方便。既然我這親戚對我這麼好，我就幫他修一修吧！」

於是他花了不少時間到材料行選材料，然後丈量、安裝，兩星期後，新的廁所門換好了。但是親戚也回來了。

親戚問年輕人：「你這兩星期享受得如何？有沒有開派對？有沒有品嚐我酒窖裡的美酒？」

年輕人說：「沒有，還沒來得及邀請朋友呢！」

親戚很詫異，又問：「那你總享受了大螢幕電影及高級音響了吧？這不是你最愛的嗎？」

年輕人回答說：「也沒有！我根本沒時間享受那些。」

親戚啼笑皆非地問：「那你這兩星期都在做什麼呀？」

年輕人非常懊惱地說：「我這兩星期只修好一個廁所的門，錯過太多的享受了！」

朋友！你是否正像那年輕人，努力修著廁所的門，卻忘了享用其他的豐盛？面對人生，你的態度是什麼？是懂得把握機會，品嚐箇中的滋味，享用一切的美好？抑或只是斤斤計較一個壞掉的廁所門，告訴自己非要修好不可？

執著於一些不重要的小事，往往會破壞整體的規劃，導致原本完美的計劃失敗、夢想成空。

上帝給我們的年日有限，祂賜給我們一切生命及生活的美好，如果我們能以感恩的心承受，便能把握機會好好品嚐、盡情享受。如果我們執著於某些枝微末節，孜孜矻矻於一些膚淺的庸俗，那人生注定將是一場空洞虛幻。

朋友！你是否只專注於工作，很久沒和家人談心、享受天倫呢？你是否只知拚命賺錢，把許多興趣拋諸腦後，錯失了上帝賦予你的才華呢？

耶穌說：盜賊來，無非要偷竊，殺害，毀壞；我來了，是要叫人得生命，並且得的更豐盛。

——《約翰福音》第十章十節

30 感恩特效藥

有一個精神科醫生，後來決志事奉上帝，到大都市的一間教堂去當牧師。因為他具有精神科醫生的身分，所以很多會友都喜歡找他協談，甚至只要有一點心理不痛快，就聲稱患了憂鬱症，想找牧師協談。

有一次，教會幹事數一數，居然有六、七十位自稱是憂鬱症的會友想找牧師協談。

牧師想一想，就把這些會友召集起來，說：「這樣好了，我先開一帖藥給你們服用，如果沒效，下星期再來。」

他的這帖藥叫做：「謝謝」。

他說：「只要你覺得沮喪、悲觀、提不起勁、自怨自艾的時候，就去找一個幫助過你的人，對他說謝謝！」

他強調說：「說謝謝的時候，一定要用一個笑臉，還要加重語氣。讓人家覺得你是非常真心的。如果不按這樣的條件服用，就不會有效。」

於是六、七十個會友拿著這帖藥回去了。

過了一個星期，幹事數一數，果真有一半的會友痊癒了，沒有來。但還有三十幾位會友仍然愁眉苦臉地前來。

牧師又把他們都聚集起來，問說：「怎麼？那帖藥沒效嗎？你們說說看你們服用的情形。」

幾乎每個會友都說：「我想找人說謝謝，可是偏偏找不到。因為都沒有人幫助過我呀！」

牧師明白了。於是翻開聖經，《馬太福音》第七章七節：「你們祈求，就給你們；尋找，就尋見；叩門，就給你們開門。」

牧師對他們說：「那今天換另一帖藥，叫做七七藥方，你們要照《馬太福音》第七章七節這樣說的去服用。努力去找出你們可以感謝的人。勇敢地去敲門，不管人家做什麼事，你都要找出可以感謝的事來。」

臨走前，牧師補充說：「這帖藥比較重，需要一天服用三次哦！每天要感謝三次，一星期二十一次。如果沒有效，下個星期再來！」

一個星期又過去了，果然又有一半的會友不再覺得憂鬱了。但是還是有十幾個會友跑來找牧師，說他們還是覺得很煩惱、很憂鬱。

牧師又召他們一起來，問說：「怎麼？七七藥方又沒效嗎？把你們服用的情況說給我聽聽吧！」

十幾名會友一致抱怨說：「我根本找不到可以感謝的事，一天一次都沒有。」

牧師簡單地問問個別的狀況，不外是孩子不聽話、婆媳不睦等等生活瑣事。

牧師說：「看樣子我要開更強的藥方才可以了。這樣吧！你們先在這裡討論一下，看看有沒有可以彼此感謝的事。我準備好藥方就來跟你們個別協談。」

兩個鐘頭過去了，牧師回來了，只有一個會友在等他。

這名會友對牧師說：「大家都覺得好多了，不用個別協談了。大家都回家了，推派我當代表，留在這裡跟您說謝謝。」

牧師問說：「哦！發生了什麼事呢？」

這名會友說：「大家起初互相抱怨，但沒多久卻都發現，別人的困難其實比自己的困難嚴重，自己的困難實在不算什麼，嚴格來說，自己還算是幸運的！牧師，你瞧！這不就找到可以感謝的事了嗎？」

這名會友又繼續說：「當我們覺得自己算是幸運的時候，就開始放下自己的事，先安慰別人。結果大家都在互相安慰、互相關懷。不久我們就發現，其實關懷別人很快樂，根本沒時間憂鬱。」

朋友！感恩的心是喜樂的泉源！時時心存感恩，可以擊敗憂鬱。

老是想著別人如何虧欠自己，心情自然煩悶生氣。這正是在拿別人的過錯來懲罰自己。

如果能數算生活中值得感恩的事，喜樂便能如潮湧現。

喜樂的心乃是良藥。要想不憂鬱，先學感恩！

有了感恩的心，自然而然會去關懷別人。付出關懷，喜樂必更加添。

願意付出關懷的人，可以從關懷別人當中找到自我肯定與自我成就，這是更深一層的收穫。忙著關懷，哪有時間憂鬱呢？

感恩、喜樂與關懷，正是孿生兄弟啊！

凡以感謝獻上為祭的便是榮耀我；那按正路而行的，我必使他得著我的救恩。

——《詩篇》第五十篇二十三節

願他們以感謝為祭獻給祂，歡呼述說祂的作為！

——《詩篇》第一百零七篇二十二節

31 不想被改變

有一個正直公義的人來到一座敗壞墮落的城市。他看到這城裡的人都罪深惡重，像極了聖經裡的所多瑪城。

這個義人於是拿出聖經的故事告誡城裡的人，說：「快悔改吧！不然等上帝的審判臨到，這城就會被毀了。」

他告訴第一個從他身邊路過的人，那人不理他，走了；他又去告訴第二個路過的人，那人還是不理他，也走了；他又去告訴第三個路過的人，那人還是不理他，又走了。

他看到沒有人肯聽他的忠言，於是就用寫的，找了一塊大板子，用斗大的字寫著：「悔改吧！末日近了！」

仍然沒有人願意停下來聽他說話。大多數的過客都只瞄了一眼，就不屑一顧地走開。還有人偷偷罵了聲：「神經病！」

看到沒有人理他，於是他舉起板子，大街小巷地繞，從一條巷子繞過另一條巷子，從這個市場繞過那個市場，一面大聲叫著說：「眾男女啊！悔改吧！你們若不悔改，上帝要毀滅這城了！世界末日就要來臨了。」

旁邊的人都看他笑話，毫不客氣地批評他、譏笑他。但是他仍然不改變，依舊辛苦地舉著牌子到處呼喊：「悔改吧！末日近了！」

有一天，終於有個人忍不住攔下他。這人對他婉言相勸說：「老兄，你難道看不出來都沒有人要聽信你嗎？你這樣呼喊，一點用處也沒有呀！」

這人回答說：「是啊！都沒有人相信。我知道！」

那人說：「既然知道，那你為什麼還要繼續這樣喊呢？」

這人回答說：「我剛來這城的時候，我以為我可以改變他們，所以我呼喊。後來我發現他們全都一樣，根本一個都改變不了。現在我還繼續這麼呼喊，是不希望他們改變我呀！」

朋友！避免被同化的最好方法就是明確地表明不同的立場。那麼當同流合污的浪潮襲來時，就會繞道而行，不致被淹沒。

由人民當主人的民主政治，強調少數服從多數。但是在眞理的道路上，是由上帝當主人，所以強調分別爲聖，中流砥柱；最忌諱人云亦云、隨波逐流。

聖經強調，通往永生的道路是條小徑，不是寬敞的大馬路。進天堂的門是個窄門，不是寬闊的大門。因爲，擁抱世界的人多，尋找眞理的人少。

避免受世俗的價值觀影響，防止被現實世界的功利思想左右，最好早一點構築防火牆，並將自己標示成旗幟鮮明。這樣除可增強自己抵抗同流合污的能力，還可以藉機阻絕別人混水摸魚的邀約。

隨波逐流、同流合污的人，上帝並不喜悅。唯有堅持到底、當中流砥柱，才能獲得上帝的獎賞。

你們要進窄門。因為引到滅亡，那門是寬的，路是大的，進去的人也多；引到永生，那門是窄的，路是小的，找著的人也少。

——《馬太福音》第七章十三、十四節

32 小鳥的翅膀

傳說中，小鳥原本是沒有翅膀的。

有一天，上帝召集了所有的小動物聚在一起。在大家愉快地聚會之後，上帝取出了一對翅膀。

上帝說：「我有一樣禮物要賜給你們，誰想要這件禮物，就可以拿去放在身上。」

小動物們聽到有禮物可拿，都湊過來看。

但是等上帝展示了這對翅膀之後，大家都變得面有難色。

小老鼠心想：「翅膀雖然好看，可是一定很笨重，放在身上背著多辛苦呀！」

小貓想：「我可以跳得很高，如果把這東西放在身上，肯定就跳不高了。」

每個小動物都搖搖頭，不願接受這個禮物。

最後，小鳥走過來，看了看這對翅膀。牠想：「上帝賜的禮物一定是好東西，雖然這翅膀看起來頗為笨重，但何妨接受了試試看呢？」

於是小鳥將翅膀接過來了。

小鳥試著用嘴巴把翅膀叼起來，但是翅膀太重了，叼不起來。

接著，小鳥用爪子想把翅膀抓起來，但是翅膀太大了，抓不起來。

最後終於辛苦地用胳膊把翅膀放上了肩膀，吃力地背著。

不久之後，翅膀背在小鳥的肩上愈來愈貼近，最後完全緊貼在小鳥的身上。

有一次，小鳥動一動肩膀，居然一點也不覺得翅膀有重量。牠想：「原來沉重的翅膀這下怎麼變輕了？大概是我已經習慣了。」

沒多久，小鳥再動一動肩膀，居然搧動了翅膀，輕盈地飛起來了。

小鳥飛上了天空，翺翔萬里。牠想：「上帝的禮物果然是美好的恩賜呀！」

其他小動物羨慕地看著小鳥快樂地飛翔，無不後悔錯失了上帝的禮物。

朋友！大家認爲笨重的翅膀，卻使小鳥得以輕盈飛翔。

許多看似沉重的壓力、負擔，卻可以成爲我們成長、起飛的動力。

上帝常常藉著一些沒有人願意承擔的重責，來考驗、試煉我們。如果我們能勇敢承擔，就能得到上帝的獎賞，嚐到祂所賞賜的寶貴禮物帶來的幸福。負擔，人人逃避；但背起來之後，卻成爲上帝的恩賜，使我們高升。上帝所賜的禮物，要花力氣才能打開。你是接受？還是拒絕？

你們必須忍耐，使你們行完了神的旨意，就可以得著所應許的。

——《希伯來書》第十章三十六節

33 感謝誰

有兩個乞丐，一個比較高大，一個比較瘦小。他們兩個每天都會到一個富翁家行乞，富翁每天傍晚也都會送出些食物給他們。

比較高大的那個乞丐在接到食物之後，總會大聲說：「感謝主人大恩大德！你是仁慈的大善人，願你長命百歲！」

但另外一個瘦小的乞丐，則每次都先禱告說：「感謝上帝賜我食物！」然後才向主人道謝。

富翁每天聽兩個乞丐不同的感謝聲，對瘦小的乞丐很不以為然。他想：「是我給他食物，他倒先去感謝上帝？豈有此理！應該先感謝我才對呀！」

富翁愈想愈不是滋味，決定給瘦小的乞丐一點教訓。

隔天，他準備了兩條吐司麵包。把其中一條挖出一個洞，塞進一些珠寶，然後再封起來。兩條麵包從外表看起來一模一樣。

兩個乞丐如常到富翁家門口了。富翁把普通的麵包交給瘦小的乞丐，把塞了珠寶的麵包交給比較高大的乞丐。他心想：「這下你才知道感謝上帝和感謝我有什麼不同了吧！」

照例，比較高大的乞丐大聲說：「感謝主人大恩大德！你是仁慈的大善人，願你長命百歲！」

而比較瘦小的乞丐仍然先感謝上帝，再輕聲向富翁致謝。

兩個乞丐走了。

那個高大的乞丐拿到麵包，覺得重重的，心想：「這麵包這麼重，一定是沒有發酵好。沒發酵好的麵包肯定不好吃。」

他半路折回去找那個瘦小的乞丐，說：「我這條吐司麵包跟你換好嗎？」

瘦小的乞丐不疑有他，就跟他換了。回去一看，麵包裡面居然有珠寶，夠他下半輩子吃穿了。他立刻又禱告感謝上帝。

於是，瘦小的乞丐再也沒出現在富翁家門口乞討了。

但是那個比較高大的乞丐仍然如常到富翁家門口乞討。

富翁看見他來，問說：「你的吐司麵包吃完了嗎？」

比較高大的乞丐回答說：「吃完了啊！」

「啊?那裡面的珠寶呢?」富翁問。

「珠寶?什麼珠寶?」乞丐這下才明白，吐司麵包是因為裡面塞了珠寶才顯得沉重。他回答說：「我以為是發酵不好，所以把它跟我朋友的交換了。」

富翁終於明白，感謝上帝和感謝他有什麼不同了。

朋友！高大的乞丐感謝富翁，是貪求以後的更好。瘦小的乞丐感謝上帝，卻是對生命發出內心的知足與感恩。

無欲則剛。凡事先感謝上帝，讓自己接下來對人的感謝奠立在一種無欲的眞心之上；這樣的感謝，其實更誠懇。

上帝喜悅人用感謝爲祭獻給祂，祂應許必使萬事互相效力，叫愛祂的人得益處。（《羅馬書》第八章二十八節及《詩篇》第九十一篇十四節～十六節）

上帝透過聖經給了我們許許多多的應許，等著我們去取；通常我們都是坐著慢車去拿。感謝的祭，卻是特快車，可以快速去支取上帝的應許。

急難之中感謝，立刻就有平安。痛苦之中感謝，立刻就獲得安慰。

朋友！推薦你去經歷一下特快車的速度感，不會失望的！

我要以感謝為祭獻給祢，又要求告耶和華的名。

——《詩篇》第一百十六篇十七節

上帝說：因為他專心愛我，我就要搭救他；因為他知道我的名，我要把他安置在高處。他若求告我，我就應允他；他在急難中，我要與他同在；我要搭救他，使他尊貴。我要使他足享長壽，將我的救恩顯明給他。

——《詩篇》第九十一篇十四節～十六節

34 檸檬的養分

學校正在教授公民與道德。

一學期之後，老師舉行期末考，學生幾乎個個拿滿分。對於孝順父母、尊師重道、禮義廉恥的道理都耳熟能詳，應答如流。

最後一堂課，老師發完考卷，稱讚了學生一番，然後拿出一顆檸檬。

他當著學生的面，將檸檬一片一片切下來，切了滿滿一盤子的檸檬片。

老師問學生們說：「看到切檸檬，你們的反應如何？會不會覺得酸？」

一群學生七嘴八舌，有的舔一下舌頭，點頭說：「好酸！」有的說：「酸得嘴巴都流出口水來了！」

老師又問：「你們知道檸檬含有什麼樣的養份嗎？」

學生們異口同聲說：「檸檬含有豐富的維他命C。」

老師又問：「你們看我切檸檬，有沒有吸收到維他命C呢？」
學生面面相覷，說：「應該沒有吧！還沒吃進肚子呢，如何吸收？」
老師說：「沒錯，沒吃進肚子去，就不會得到養分。光是會流口水是沒有用的。一定要把它吃下去，消化之後才有養分。對不對？」
老師又問：「你們考試都考得很好，顯然你們已經非常知道這些道德規範。但是在生活中，你們有沒有真的做到這些規範呢？請大家認真思考一下，然後三個人為一個小組，互相把你們的答案寫在白紙上。」
學生們照著老師的吩咐，互相寫下了自己生活中實踐道德教育的情形。有的昨天才跟父母嘔氣，有的不久前才偷了同學的文具，有的人對長輩很粗魯。
老師說：「現在把大家的紙張交上來。這才是你們公民與道德的成績。」
學生們急忙問道：「那我們之前的考卷呢？」
老師說：「之前的考卷像檸檬片，你們幾乎都考了滿分。就像看到檸檬片，大家都已經流了一嘴口水了。但是現在這張卷子才可以看出你們到底有沒有把檸檬吃下肚子去。這才是維他命C的測試呀！」

朋友！正如把檸檬吃下去才能得到養分一樣，唯有身體力行，才能獲致道德的眞意。道德教育，不在說理，貴在實踐！

有些人對道德根本不屑一顧，這是野蠻！

有些人對道德說一套，做一套，這是虛僞！

有些人對道德心裡渴慕，卻老是做不到，這是懶惰！

思想的改變也是一樣。單單聽道是不夠的，必須行出來才能得到好處。

聖經要我們時時更新自己，如《哥羅西書》第三章十節說：「穿上了新人。這新人在知識上漸漸更新，正如造他主的形像。」

但是要達到更新的效果，眞正變成一個新人，就必須切實吸收聖訓的養分，不是聽了就忘，而是實踐力行。

只是你們要行道，不要單單聽道，自己欺哄自己。因為聽道而不行道的，就像人對著鏡子看自己本來的面目，看見，走後，隨即忘了他的相貌如何。惟有詳細察看那全備、使人自由之律法的，並且時常如此，這人既不是聽了就忘，乃是實在行出來，就在他所行的事上必然得福。

——《雅各書》第一章二十二節至二十五節

35 快樂被偷走了

有一個農夫很窮，但很知足，所以日子過得很快樂。

魔鬼很忌妒他的快樂，就想要去破壞他。

魔鬼先派了一個小鬼去搗蛋，把農夫的田變得很硬，要花很大力氣才鋤得下去。小鬼認為農夫一定會很生氣或煩惱，就會失去他的快樂。

農夫鋤了半天，滿頭大汗，但他並沒有抱怨，還自我安慰說：「今天把地鋤軟了，明天就輕鬆了。」

他覺得今天的辛苦很有代價，於是哼著歌兒快快樂樂地回家。

第二天，魔鬼再派一個小鬼去搗蛋。小鬼這回把農夫的午餐偷走了，讓農夫饑腸轆轆。小鬼認為農夫一定會餓得脾氣暴躁，就會失去他的快樂。

但是農夫仍然沒有抱怨，他想：「會跑到農田來偷我的午餐，想必這人一定又累又餓，比我更需要食物。」

他覺得自己做了一件好事，又快快樂樂地哼著歌回家了。

魔鬼這下氣得重金懸賞，徵求有能力的小鬼，要能夠破壞農夫的快樂。

果然，有個小鬼來應徵了，說他有辦法；但要魔鬼給他三年的時間，等三年以後再來驗收成果。

三年的時間一下子就過去了。魔鬼來到農夫的家裡，找到了小鬼。

現在農夫可不得了，錦衣玉食，夜夜笙歌，旁邊僕人如雲。

有一個僕人端著酒菜上來，不小心跌倒了，農夫大聲地斥責說：「你怎麼這麼不小心？罰你等一下不准吃飯。」

那個僕人回答說：「主人，我就是餓了一整天沒吃東西，才會渾身沒力氣，走路才走不穩呀！」

沒想到農夫還是不同情他，堅持不准他吃飯，還皺著眉頭向旁邊同他飲酒作樂的酒肉朋友們抱怨，說：「這些僕人就是太懶惰了！」

魔鬼看了很滿意，小鬼果然達成任務，破壞了農夫原來的快樂。

魔鬼問小鬼：「你是怎麼辦到的？」

小鬼很得意地回答說：「我只不過是讓他一點一點地富有起來，先讓他種的地豐收，再讓他作買賣賺大錢，他賺了一點就想賺更多，人性的貪婪就跑出來了。用不了多久，貪婪就偷走他的快樂啦！」

朋友！不快樂的首要原因在貪。人的罪性中最根本的就是貪。知足者常樂。貪得無饜者必不知足：有，還要更多；多了，還要更增加。貪，破壞了知足，吞噬了快樂。

聖經教我們要「戒之在貪」。貪心的人必然愁苦，沒有快樂。《提摩太前書》第六章十節指出：「貪財是萬惡之根。有人貪戀錢財，就被引誘離了眞道，用許多愁苦把自己刺透了。」

那要如何免除人性中的貪呢？

就要先建立基督徒的價值觀：人的生命不在乎家道豐盛。

既然錢財不是人生最具價值的東西，何須貪它呢？

朋友！不要讓快樂被偷走！除去貪慾，必能保有快樂！

耶穌於是對眾人說：你們要謹慎自守，免去一切的貪心，因為人的生命不在乎家道豐富。

——《路加福音》第十二章十五節

36 寶石在這裡

有一個富翁，非常喜愛蒐集寶石。他窮畢生的精力，到各地探訪尋寶，得到不少珍貴的稀世珍寶，算一算，富可敵國。

富翁為了防小偷，在臥室的地板鑿了一個藏寶箱，把這些寶石都藏在藏寶箱裡；然後蓋上活動地磚，地磚的花紋和材質與四周的地磚一模一樣。又在地磚上覆上一片地毯，地毯也和四周的地毯一模一樣。

誰都不知道那裡有一個藏寶箱，誰也看不出那裡有什麼異狀。

富翁突然檢查出癌症末期，醫生說他已經沒幾個月好活了。

富翁趕緊把在國外的獨生子召回，準備交代後事。

但當兒子趕到他病榻前時，他已經病重到無法言語了。

他勉強打起精神，支開僕人，伸出一隻手，指著地板，向兒子說：「我的……

……我的……寶石都在……都在……這裡！」

兒子忍著悲傷，點頭表示知道。

富翁怕兒子沒聽清楚，再一次伸出手，用他戴著一顆大寶石的手指，指向地板。隨即無力地垂下手來。

他說：「我蒐集……的寶石……全都在……這裡了！」

兒子急得連忙回答：「爸爸，我知道！我知道！您好好養病，別說了！」

不久，富翁過世了。

辦喪事的時候，兒子小小心心地把富翁手指上那顆價值連城的寶石戒指取下來了。對著親戚們說：「爸爸說他的財產全都在這顆寶石上了。」

喪事辦完，兒子要回國外去了，心想留著這間房子沒人住，不如把它賣了吧！於是找來仲介公司，沒多久就把房子賣了。

富翁的藏寶箱從此沒了下落。

朋友！富翁的兒子只看到富翁手指上那顆大大的寶石，卻沒有會意出富翁的手是指向地板那個更大的藏寶箱。

藏寶箱既是收藏寶石的箱子，必被藏在隱密的所在。想要找得到，必須獲得特別的指引。

但是人總是短視的，只看到眼前，卻忽略了眼光遠處還有更大的藏寶箱。

聖經就像富翁手指上那顆價值連城的大寶石，大家都知道聖經是寶。

如果能夠研讀聖經，明白聖經的教訓，循著聖經的指引，就能找到天地的主宰上帝。

上帝是個藏寶箱，其中的寶石不可盡數。就看你是否將短視的眼光調整成長遠的遠見！

聖經都是神所默示的，於教訓、督責、使人歸正、教導人學義都是有益的。

——《提摩太後書》第三章十六節

37 香菇與蟲子

學校舉辦夏令營，要在野地裡露營，學生們非常興奮。

第一節課，老師帶著學生們到樹林裡採野香菇。林子裡的野香菇香氣撲鼻，令人垂涎。

學生們把香菇裝進一個大袋子裡，帶回營區的廣場上攤開來曬。

老師吩咐學生說：「等香菇曬乾，一定要裝進袋子裡封起來，否則容易壞。」

學生心裡犯嘀咕：「露營才一星期，早吃光了。哪等得到香菇壞掉？」

老師又說：「多找一些小袋子來，把香菇分裝進小袋子去。」

學生心裡又犯嘀咕了：「為何非要分裝成小包裝不可？我想全部放在一個大袋子裡不行嗎？」

但是既然老師這麼說，學生即使嫌她碎碎唸，也都照辦了。

於是每個學生手上都多了好幾袋香菇。

野生的香菇非常香，學生們很快地吃完手中的第一袋香菇。紛紛打開第二袋香菇，準備烹調品嘗。

這時，聽到有學生大叫：「糟糕！我的香菇長蟲了，整袋都是小蟲。」

老師聽了，說：「沒關係！再打開下一包！不會每袋都有蟲的。」

學生打開第三袋、第四袋，以及其他袋，發現真的並非每袋都會長蟲。把長蟲的那袋扔了，同學們還是有很多香菇可以吃。

老師說：「這就是為什麼要你們分裝成小袋的原因，是要降低風險哪！否則只裝一個大袋，一長蟲，全都完了！」

學生無不覺得老師實在睿智。

老師繼續說：「你們以為裝袋子是在防止外面的蟲跑進去，其實不是，很多香菇本身就有蟲，裝袋子是在防止裡面的蟲跑出來污染其他的香菇啊！」

朋友！我們也和香菇一樣，老是怕蟲子從外面跑進來傷我們；其實，很多時候，傷我們最嚴重的是自己裡面的「心蟲」啊！

心蟲就是我們心中一切的惡念，我們是否能防止它跑出來污穢人呢？

豈不曉得凡從外面進入的，不能污穢人，……從人裡面出來的，那才能污穢人；因為從裡面，就是從人心裡，發出惡念、苟合、偷盜、兇殺、姦淫、貪婪、邪惡、詭詐、淫蕩、嫉妒、謗讟、驕傲、狂妄。這一切的惡都是從裡面出來，且能污穢人。

——《馬可福音》第七章十八節、二十節～二十三節

第四部

自閉與亮光

在黑暗中，是無法找到亮光的；

唯有起身去找光，才能真正脫離困境。

38 新的十字架

丹頓（Jeremiah Andrew Denton）是著名的美國海軍上將、參議員、越戰戰俘。

他曾說：「在被俘之前，我相信有個上帝；經過八年俘虜的折磨之後，我認識了這位上帝。」

丹頓四十一歲時，正值越戰，他駕著軍機攻打北越，不幸被擊落到河裡，被北越軍隊俘虜，囚禁在監牢裡。隨即遭遇了極其殘酷的虐待。

一次，日本電視台訪問在北越的戰俘。丹頓被迫接受日本特派員的採訪，北越希望丹頓向國際社會承認自己的罪狀。然而他不但沒有屈服，還表態仍舊支持美國。這讓北越軍官很沒面子，讓丹頓再度遭遇嚴酷的折磨。

那次訪談中，丹頓面對鏡頭猛眨眼睛，數百萬美國觀眾都看到了這個畫面，一名美國海軍情報人員發現，丹頓是在用眨眼睛傳送摩斯電訊密碼，立刻翻譯出了他的訊息，正是：「刑求」（Torture）這個字。

當時國際情勢緊張，美國懷疑北越虐待戰俘，卻一直無法證實。直到丹頓發出密碼，美國情報局第一次證實了這項懷疑。

丹頓被俘在北越的河內，待過很多監獄。這些監獄被戲稱為「河內希爾頓大飯店」，或乾脆稱之為「動物園」，專門囚禁一些北越視為頑抗的美國戰俘。丹頓待的牢房像口棺材，是一間約一百五十公分長寬的空間，沒有窗子，只有一個十瓦特的小燈泡。白天，牢房僅可以走兩步。晚上，就屈身睡在石板上，陪伴他的是一堆蟑螂、蜘蛛。

但是丹頓說：「這段時間，我的理性和靈性達到巔峰。」他甚至可以不用紙筆就演繹離心力的公式，這是他在美國海軍大學期間都辦不到的事。

但是監獄裡的酷刑實在太痛苦了，即使被稱為「樂觀俱樂部會長」的丹頓，也曾好幾次差點忍受不下去。他數度向上帝禱告，求能一死了之。

有一次，丹頓拒絕向獄方說出美國人彼此聯絡的方法，被罰以連續十天十夜的酷刑折磨。到第十夜，丹頓已經被折磨到沒辦法思想，甚至沒辦法禱告了。

丹頓降服了，不是對北越獄方降服，而是對上帝完全的降服。

他跟上帝說：「都交給祢了！能做什麼都由祢了！」

很奇妙的，那一刻，他的痛苦突然停止了。一陣「零痛苦」的釋放與極大的安慰湧上來，他意識到上帝真真實實地就在他身邊。這種上帝同在的特殊經歷，是他以前從來沒有過的。

被俘期間，獄方禁止同監獄的美國戰俘互相聯絡，於是他們偷偷用獄方看不懂的摩斯電訊密碼聯絡。藉著眨眼、咳嗽、打噴嚏，或在牆上敲響，甚至用掃帚掃地來傳遞訊號。

每晚，趁著獄方警衛休息的時候，他們就在牆上敲密碼，傳送著訊號。通話完畢，戰俘們一定會彼此敲出 GBU 三個字母，意思是 God Bless You，就是上帝賜福給你的意思。

藉著傳送密碼，丹頓整理出同一所監獄中美國戰俘的名字，並做成一份名單。他每天都拿著名單為戰俘們一一代禱。禱告帶來的盼望，成為被囚戰俘們極大的安慰與鼓勵。雖然偷偷摸摸，但信仰的力量支撐著他們，讓他們能忍耐痛苦。

其中有一名戰俘，從掃帚上拔下幾根草，編成了一個十字架。他嘗試各種機會，千辛萬苦地把十字架塞給丹頓。丹頓知道，如果不慎被獄方發現，他們兩個肯定都會受到嚴厲的處罰。

因為這個十字架是冒著極大危險得來的，因此丹頓非常珍惜，每天晚上都會拿出這個十字架來禱告。白天，他則把這個十字架和那份戰俘名單收起來，藏在一份北越的宣傳小冊裡，再把整本小冊子藏在褥子下，以免獄卒發現。

有一次，戰俘們要求獄方容許他們在星期天主日崇拜，但獄方不僅嚴厲拒絕，還進行嚴格的查房，把戰俘一切與信仰有關的標誌或物品全都搜走，毫不留情地銷毀。雖然獄方極為懷疑丹頓，但是他僥倖逃過了這次的搜查。

一天，監獄的牢房要修建，需要做一些水泥砌磚的工程。獄方派了一支營建工作隊來，在每一間牢房做工。這個工作隊是由五、六名年紀都在中年以上的北越營建工人組成。

輪到丹頓的這間牢房施工，獄方的警衛通知他離開房間，以便讓營建工作隊的人進去。在警衛的監視下，丹頓毫無準備地離開了他的牢房。另一名警衛隨即進去搜查。

丹頓心想不妙：「好不容易躲過了上次的搜查，獄方正在懷疑我，這下可逃不過了。」

果然，沒幾分鐘，就傳來警衛的歡呼聲。丹頓放在褥子下的十字架及戰俘名單都被搜到了。警衛走出來，當著丹頓及那些營建工人的面，毫不留情地把丹頓珍愛的十字架扯斷，裂成碎片；一部分碎片摔在丹頓的臉上，剩餘的就丟在地上，還用腳跟去踩。丹頓氣得臉色鐵青，卻也無可奈何。

警衛叫營建工作隊的人進去施工，大約半個小時之後，營建工作隊的人完工出來，才讓丹頓回他的牢房。

丹頓伸手到褥子下找出了那本宣傳小冊，他知道他原來夾在裡面的十字架已被毀損，戰俘名單也被搜走了。他難過地撕著那本宣傳小冊，突然，他感覺到小冊裡有東西凸出來，他趕忙翻開看，一個新的十字架赫然出現在他眼前。

這個十字架也是用掃帚上的草編成的，手工非常細緻，比原來的那個十字架還要漂亮。

丹頓感謝上帝。這十字架顯然是剛才那個營建工作隊的人做的。他不敢聲張，趕緊收好，因為如果被發現，那些營建工人肯定會受到可怕的懲罰。會做十字架給他，就是他的弟兄了，他想到北越對囚犯的那種酷刑，仍禁不住顫抖，他不願意他的弟兄承受這樣的懲罰。

這個新十字架，帶給丹頓更大的屬靈安慰與盼望，讓他有足夠的力氣忍受監獄的酷刑，也成為支撐他度過患難的最大力量。他事後回憶說：「雖然很多事讓人與人成為敵人，但是上帝的愛仍然存在人間，讓人與人能透過祂，彼此成為弟兄姐妹，即使是陌生人或身處敵營的人。」

丹頓持續禱告親近上帝，終於在被俘八年後獲釋。他得以自由身搭上飛機返回美國，並獲得美國海軍十字勳章的榮譽。他的故事也被搬上電視螢幕，轟動一時。

朋友！丹頓的故事感動了無數的美國人，他親口證實，上帝確實存在。

正如許多基督徒的經歷一樣，當人完全降服的時候，就能感受到上帝的同在。因為人的盡頭，就是上帝的開始。

丹頓在患難的時候，緊緊抓住十字架，也抓住了基督的救恩。正如聖經《羅馬書》第八章三十五節所說：「誰能使我們與基督的愛隔絕呢？難道是患難嗎？

是困苦嗎？是逼迫嗎？是飢餓嗎？是赤身露體嗎？是危險嗎？是刀劍嗎？」

即使在戰俘營中，上帝的愛仍然無所不在，甚至讓北越的營建工人爲丹頓做了一個新十字架。

丹頓緊緊地倚靠上帝，上帝就帶領他平安地度過八年可怕的戰俘歲月。正如上帝在聖經裡的承諾：「你們所遇見的試探，無非是人所能受的。神是信實的，必不叫你們受試探過於所能受的；在受試探的時候，總要給你們開一條出路，叫你們能忍受得住。」（《哥林多前書》第十章十三節）

丹頓靠著十字架，成功地通過了試探，他的故事搬上銀幕，爲上帝做有力的見證，也成爲眾人的祝福。

我們在一切患難中，祂就安慰我們，叫我們能用神所賜的安慰去安慰那遭各樣患難的人。

——《哥林多後書》第一章四節

39 教堂門口的流浪漢

李奧剛從神學院畢業，到市區一間大教堂當助理牧師。

平常星期天的禮拜都是由這間教堂的主任牧師上台證道，這星期主任牧師有事出城去了，安排了一位很有名的大牧師來證道。這位大牧師經常上電視，每次的證道也都擠滿了前來聽講的信徒。李奧因此非常期待。

那是一個非常寒冷又陰暗的星期天早上，主日崇拜的時間快到了。一輛一輛的車子陸續駛入教堂旁邊的停車場。

李奧平常都是在主日崇拜前半小時就抵達教堂，幫忙之前的準備工作。這天因為天氣實在太冷，他一出門，觸碰到冷冽的空氣，便折回屋子去拿圍巾、手套，因此耽擱了幾分鐘，到教堂已經比平常遲了。

天氣非常冷，大家在停車場停好車，隨即鑽進教堂裡，沒有人願意在室外的寒風中多待一分鐘。李奧也不例外，一下車就趕著衝進教堂，何況他今天已經有點遲了。

教堂門口有一張長椅，李奧注意到有個流浪漢斜躺在那裡。嚴格說起來，他是縮在椅子上，不曉得是不是冷得發抖。

其實不只李奧注意到，每位要參加主日崇拜的信徒都很容易就注意到這名流浪漢。

他頭上戴著帽子，帽沿低低地遮住了大半張臉，身上穿著一件陳舊的外套，質料一看就知道是非常廉價的工人服，像是一塊粗布裹著他縮著的身子。

他腳上穿著一雙破舊的涼鞋，大概天冷的緣故，穿著襪子，但腳跟處看得出有一塊補丁。這個流浪漢顯然很貧窮，大寒天穿不起靴子，只能以舊涼鞋及補丁襪過日子。

除了這個流浪漢之外，大家都快步走進教堂去了。或寒暄，或做準備。李奧本想問一問流浪漢有沒有可以幫得上忙的地方，順便邀請他進來參加禮拜，但是他一想今天已經遲了，等一下還要跟教堂幹事們做禮拜前的禱告，沒時間問了，於是也逕自走進教堂去了。

直到主日崇拜開始，都沒有人跟流浪漢打聲招呼或說一句話。

李奧忙了一下，主日崇拜開始了。李奧想到今天要來證道的牧師是他景仰已久的著名大牧師，他期待著。

當司會介紹這位大牧師的時候，李奧吃驚地發現，走上台的不正是剛剛蜷縮著坐在門口的那名流浪漢嗎？

正是他！所有的會眾都注意到了，大家面面相覷，屏著氣，吃驚地望著他。會堂安靜得寂然無聲。

只見這個流浪漢脫下了帽子及粗布大衣，走到講壇中央。李奧認出了經常出現在電視上的那張熟悉的大牧師的臉龐。

大牧師開口了，他說了一個故事：

「有一個落魄的流浪漢坐在教堂外面的椅子上，想參加禮拜，從聽道中獲得一些啟示。但是，教堂管事的人看到他髒兮兮的，不讓他進去。

「流浪漢沮喪極了，非常傷心地頹坐在教堂外面。

「這時，有位中年人過來拍拍他的肩膀，安慰他說：『別難過了，他們不只不讓你進去，他們也不讓我進去呀！』

「流浪漢抬起頭來，大吃一驚說：『你怎麼長得那麼像耶穌？』「中年人回答說：『是啊！我正是耶穌！他們奉我的名禱告祈求，卻又不讓我進去呢！』」

聽了大牧師的小故事，信徒們個個面紅耳赤，李奧也慚愧極了，臉紅到了耳根。他終於見識到這位大牧師的證道為什麼名聞遐邇了。

朋友！這個世界上充滿了「說一套、行一套」的人，教會界也不例外。常看到一些嘴裡說信仰的人，行爲卻與所信仰的道相違背。

基督教會闡揚耶穌的愛與憐憫，但許多教徒卻沒有依循耶穌的樣式去做。他們奉耶穌基督的名禱告祈求，卻並沒有讓耶穌基督眞正走進他們的生活中。

他們面對需要幫助的人仍置之不理，遇到急需救助的事又充耳不聞。殊不知，這樣消極的不作爲，就等於是將代表「愛」的耶穌拒於門外，他們正在將上天的賜福一點一點往外推！

窮乏人呼求的時候，他要搭救；沒有人幫助的困苦人，他也要搭救。

——《詩篇》第七十二篇十二節

40 聖經與肥皂

克萊爾是一個清潔用品的製造廠商，他所生產的肥皂及清潔劑物美價廉。因為強調產品出自天然植物提煉，沒有化學成分，符合環保概念，因此很受消費者歡迎。加上克萊爾的行銷也很有一套，所以他的產品賣得很好，讓他賺到不少財富。他也贏得了「肥皂大王」的綽號。

克萊爾賺了錢之後，想要回饋社會。他想捐點錢做慈善，於是打電話給他高中同學傑森。傑森目前在城東一間教堂當主任牧師。

傑森很高興聽到克萊爾有心做善事，於是介紹他去幫助教堂附近貧民區的一所育幼院。

傑森約了克萊爾，要帶他去參觀育幼院，實地看看他們有什麼需要。

赴約途中，克萊爾碰到了地鐵工人大罷工，又遇到一家商店正在抓竊賊，他買了一份報紙，打開來盡是燒、殺、擄、掠的消息。

克萊爾走進傑森的教堂，看到教堂座椅上放著一排聖經，忍不住大發牢騷，他批評說：「有什麼用？聖經傳了兩千年，教會也傳了兩千年，大家信耶穌也信了兩千年，牧師講道也講了兩千年，可是有用嗎？社會還是那麼亂，大家還是彼此仇恨、爭奪、攻擊，一點改進也沒有。」

傑森笑了笑，沒說什麼，只是催促克萊爾說：「走吧，育幼院院長在等呢！」

兩人走進城裡最貧窮的貧民區，路邊看到一群孩童正在泥堆裡玩耍，一個小女孩在旁邊看哥哥玩耍，也濺得滿臉滿身泥巴。克萊爾看了，不禁皺起眉頭，連說好幾聲：「髒死了！髒死了！」

傑森笑笑說：「有什麼用？肥皂產了幾百年，工廠也設立了幾百年，大家信肥皂可以去污也信了幾百年，肥皂商店賣肥皂也賣了幾百年，可是有用嗎？貧民區的孩子還是那麼髒，大家還是在玩泥巴，一點改進也沒有。」

「肥皂大王」克萊爾立刻辯解說：「肥皂當然有用，要拿出來用才行呀！」

傑森順著他的話說：「聖經當然有用，也是要拿出來用才行呀！」

克萊爾大笑，拍拍老同學的肩膀，說：「我懂了！」

在參觀完育幼院之後，克萊爾不僅捐了大筆款項幫助育幼院改善了清潔環境，更新了廚房設備及建築物的設施，還送了育幼院每個孩子一份禮盒。禮盒內是一打精美的香皂，還有一本精美的聖經。

禮盒上寫了一行字：使用它，潔淨你的手，潔淨你的心。

「使用」這兩個字，還加了明顯、特別的記號。

朋友！你是否收過精美的肥皂禮盒？你是否捨不得用，後來卻發現不能用了？

你是否擁有一本精美的聖經？但只是擺在書櫃裡好看，卻從來不翻閱？

聖經要能發揮潔淨人心的作用，必須要閱讀它，並且行出來。就像肥皂要發揮去污的功能，就必須拿出來使用一樣。

聖經是上帝的話語，有教訓、有鑑戒，拿這些作爲我們路上的光、腳前的燈，必可去除我們心靈的污穢，使我們的人生過得更理直氣壯、心安理得。

在骯髒的環境中，一陣子不洗手，手就髒了。在紛亂的人世間，一陣子不親近上帝的話語，心靈就蒙上了灰塵。

你有沒有每天用肥皂洗手？是否也應該每天將聖經的教訓應用到實際生活上呢？

虛浮的人哪，你願意知道沒有行為的信心是死的嗎？……身體沒有靈魂是死的，信心沒有行為也是死的。

——《雅各書》第二章二十節、二十六節

41 跟上帝生氣

一九二一年，兩對瑞典斯德哥爾摩的年輕傳教士回應上帝的呼召，自願到非洲宣教。他們是基督教五旬節教會的會友，這個教派經常差派傳教士到世界各地去傳道。

在一次特會中，福勒夫婦及愛瑞克森夫婦極受感動，決定去非洲傳教，到當時的比利時屬地剛果，也就是薩伊那個地區。

福勒太太身材袖珍，是瑞典著名的歌手。她甘願放棄誘人的繁華世界，毅然隨丈夫投奔上帝的呼召。兩對夫婦都放下了世俗的一切，把他們年輕的生命擺在祭壇上，奉獻給上帝使用。

他們到達比屬剛果，只在當地的宣教中心待了一下子，立刻就帶著鐮刀上路。他們披荊斬棘、一路跋涉，進入到病毒蔓延、疾病叢生的內地。四周的環境雖然惡劣，卻沒有影響他們炙熱的心。

福勒夫婦帶著一個兩歲大的兒子，他們輪流背他，不畏艱苦地前行。內地的蟲毒實在太猖狂了，兩對夫婦都染上瘧疾，忍受著身體不適，憑藉著毅力，仍不放棄。他們帶著悲壯的情懷，揚言就算殉道，也在所不惜。

他們來到了一個村莊，看起來是宣教的好工場。黑人村民把他們團團圍住，好奇地與他們比手畫腳。但當村民了解到他們有意留下來定居的時候，卻紛紛搖頭，不讓他們進住。

黑人村民表示：「我們不能讓白人來這裡，那會觸怒我們的神明。我們的神明不高興的話，會降災禍給我們。」

兩對年輕的夫婦只好繼續往前走，尋找下一個村莊。只是，清一色黑人的村莊，哪容得了白人？他們依然被拒絕。

一直走到再也看不到人煙的地方，附近不可能再有村莊了，他們疲憊已極，終於決定停下來。他們在叢林中開闢出一塊地，蓋了一座土製草寮，作為他們棲息的家。

幾個月下來，他們寂寞、生病、營養不良，而且幾乎沒跟當地任何人來往。

他們所懷抱的宣教理想，根本沒有任何進展。

六個月後，愛瑞克森夫婦決定回到宣教中心去，他們勸福勒夫婦同行，但福勒夫婦沒有同意。雖然福勒太太的瘧疾更惡化了，但福勒先生仍以太太剛懷孕、行動不便為理由婉拒。

福勒先生說：「沒關係的，我要讓我的孩子在這裡出生，我已經把性命交給非洲了。」

他們向愛瑞克森夫婦揮別，送他們啟程。他們要長途跋涉回一百哩外的宣教中心去。

又過了幾個月，鄰村有個小男孩常來看福勒夫婦。福勒太太一直發著高燒，小男孩帶著水果來看望。這是福勒夫婦唯一的宣教對象。儘管生病發燒，福勒太太仍然很忠實地向這個小男孩傳講福音。每次傳講，小男孩也只是微笑地望著她，沒有什麼反應。

又幾個月過去，福勒太太的瘧疾更嚴重了，她總是臥病在床。她生下一個健康的女嬰，但自己卻在一週後病逝。臨終前，她以微弱的聲音交代福勒先生說：「把女兒取名愛娜……」，就斷氣了。

福勒先生被妻子的死亡震懾住了，他使出全部的力氣，弄來一個木箱，為妻子做了個棺材。他在叢林旁邊黑人村民的墳場上，埋葬了他摯愛的妻子。

他站在愛妻的墳邊，低頭望著身邊才三歲的兒子，耳邊響起剛出生女嬰從草寮那兒傳來的啼哭聲。突然，一陣悲痛充滿心中，憤怒自心底升起。

他無法自拔地怒吼道：「神哪！為什麼這樣？我們滿心服事祢，卻得到這樣的下場？我又美麗又聰明的妻子，現在卻躺在這裡。她才只有二十七歲啊！」

「神哪！為什麼這樣待我？我根本無法照顧三歲的兒子和剛出世的女兒啊！」

他對上帝生氣。

「一年多來，我們只見到一個鄰村的小男孩，他很可能根本不懂我們在講什麼。祢召我們來宣教，卻讓我們如此挫敗。神哪！祢根本在浪費我們的生命！」

福勒先生向上帝憤怒抗議。

他於是僱了黑人村民當嚮導，帶著兩個孩子回到宣教中心。

當他看到愛瑞克森夫婦時，禁不住滿腔怒火，生氣地說：「神怎可如此待我？我恨！我根本沒辦法自己帶兩個小孩！現在我要走了，我把兒子帶回瑞典，把女兒留給你們。」

在回瑞典的途中，福勒先生站在甲板上，激動而惱恨上帝。他曾經告訴所有的人，說他要去非洲當殉道者，去傳福音，不惜任何代價。但現在，他卻失敗地回來了，而且家庭破碎。他認為自己對上帝如此忠誠，但上帝卻回報以全然的漠視。

他回到斯德哥爾摩後，決定從事進口生意賺錢。他警告周圍的人，不准在他面前提到上帝，如果不小心提到，他一定是憤怒到青筋暴露，不可抑遏。後來，他嚴重酗酒。

在他離開非洲後不久，他的朋友愛瑞克森也突然死亡，可能是遭當地的酋長下毒致死。因此，小愛娜被交給一對美國夫婦柏格撫養。柏格夫婦帶著她到北剛果一個叫馬西西的村莊居住，叫喚她小名愛姬。

小愛姬在馬西西學會了當地的史瓦希利語，並且和剛果的小孩玩在一起。

小愛姬在玩耍的時候，很喜歡玩想像的遊戲。她總是說：「我有四個兄弟、一個妹妹。」她幫他們每個人都取了名字。

她會為四個兄弟們設餐桌擺餐具，假裝跟他們說著話。

然後她總是說：「我妹妹在找我呢！一直找，一直找。」四周的人都認為她想像力豐富。

後來，柏格夫婦帶著愛姬到美國定居。愛姬長大後嫁給赫司特先生，就是後來美國西北大學神學院的院長。

愛姬一直嘗試著和父親聯絡，但都沒有成功。她並不知道父親已經和母親的妹妹又結了婚。母親的妹妹是個無神論者，他們又有了三個兒子一個女兒，正與愛姬想像中的一模一樣。

這時福勒先生已是一名無藥可救的酒鬼了，酗酒甚至毀掉了他的視力。愛姬找了父親四年，所有的去信都沒有回音。有一天，神學院提供她和她先生往返瑞典的機票，等於讓她有機會親自去尋找父親。

橫渡大西洋後，愛姬和她先生準備轉往瑞典。他們在倫敦停留一天。

那天，他們出去散步，經過皇家愛伯特廳，正巧那裡有一場五旬節教會的佈道大會。他們很歡喜地走進去，正好看到有一名黑人傳教士在證道，他正在說著上帝在比屬剛果（即薩伊）所成就的偉大事工。這名黑人傳教士不斷地述說著上帝種種奇妙的作為，並因此歌頌讚美上帝。

愛姬的心砰砰跳起來。薩伊，剛果，她的靈接受到聖靈強力的牽引。

她去找這名傳教士，問他：「你從薩伊來，有沒有聽過傳教士福勒夫婦？」

傳教士回答：「有啊！就是福勒太太領我信主的，我那時還只是個小男孩。」

接著他語重心長地說：「後來福勒太太生下一個小女兒就去世了。我一直想知道這小女孩到哪去了，但都沒有消息。」

愛姬一聽，叫了出來，「我就是那小女孩，我就是愛姬，嗯，愛娜呀！」

傳教士聽了，激動地抓住愛姬的手，與她相擁，喜極而泣。愛姬真不敢相信，這人就是母親當年傳福音給他的小男孩，他已經長大成為傳教士。他的國內現在已經有十一萬名基督徒，三十二所宣教中心，好幾間神學院，還有一家有一百二十張病床的醫院。母親在天上看到這樣的效果，該是多麼歡喜與光榮！

帶著這樣奇妙的邂逅，愛姬迫不及待想把這個好消息告訴父親。她祈禱著這趟瑞典之行能夠找到父親。畢竟，這樣長程的旅行在當年並不容易。

當他們飛抵斯德哥爾摩，那裡的報紙已經傳遍他們要來的消息。這時，愛姬才知道她真的有四個兄弟、一個妹妹；一如小時候聖靈對她的啟示。

出乎她意料之外，她的兄弟們都到旅館來歡迎她，要與她相認。

她問說：「哪位是我哥哥呢？」

弟弟們指指旅館大廳椅子上一名瘦弱的身影，那人正迷惘地望向她。

愛姬的哥哥已經變成一個枯瘦灰髮的中年人。受到父親的影響，憤世嫉俗、胸懷痛楚，和父親一樣嚴重酗酒，酒精近乎毀掉他的一生。

愛姬問起父親，弟弟們全都露出不以為然的表情。他們不喜歡父親，幾年都沒跟他說話了。

愛姬又問起妹妹，他們給她妹妹的電話號碼。當她打電話過去，接電話的人一聽是愛姬，就掛斷了，再打去卻沒人接。一會兒，妹妹衝進旅館，伸出雙臂緊緊地抱住她。

妹妹告訴愛姬：「我從小就一直念著你。我經常把世界地圖攤在面前，放一輛玩具車子在地圖上，假裝開著車到世界各地去找妳。」

妹妹的描述，正與聖靈給愛姬的啟示一模一樣。

愛姬的妹妹也瞧不起父親，但答應帶愛姬去找他。他們開車到斯德哥爾摩的貧民區，在一座廢舊的建築物裡，他們找到了父親。只見滿屋的空酒瓶，以及一室的髒亂。父親正睡在角落的病床上。這位曾經是滿懷憧憬要為主做工的宣教士福勒先生，已經七十三歲了，他一直在生上帝的氣，被憤怒怨恨的情緒轄制，窮困潦倒、自我頹廢，正被糖尿病、腦中風及兩眼白內障等病痛侵蝕著。

愛姬靠到他身邊叫喚他：「爸爸，爸爸！我是您的女兒，您留在非洲的小女兒愛娜啊！」

老人轉過身看看她，眼淚頓時盈滿雙眼。他說：「我從來沒有不要妳，我只是沒辦法同時照顧你們兩個。」

愛姬說：「沒關係的，爸爸！上帝照顧了我！您瞧，我活得多好哇！」

老人的臉突然沉了下來，他暴怒地說：「不要提上帝！祂浪費了我的一生，祂毀了我們全家！祂帶領我們到非洲，卻在那裡出賣了我們。我們在那裡一無所獲，全然被糟蹋。」

愛姬趕緊告訴父親她這趟旅程中在倫敦的巧遇，告訴他當年他們宣教的對象已經從一名小男孩變成傳教士了。而且透過這名傳教士的努力，福音在他的國家可興旺著呢！愛姬把剛果的宣教成果告訴父親。

「真的，爸爸，大家都知道這小男孩當初是怎麼信主的，他和你們的故事早就在報紙上傳開了。」

福勒先生不可置信地看著她，囁嚅地說：「難道是我錯怪了上帝？」懊悔和感傷的淚水爬滿了他的臉。

這時，聖靈嘩然降臨在福勒先生身上，上帝將他恢復了！他掙脫了怨恨的捆綁，拋開了仇恨的束縛，平安、希望與愛的感覺又重新回到他身上。即使全身病痛，也擋不住因釋放苦毒而帶來的周身舒暢。

就在他們會面後不久，福勒先生安詳地去世了，臉上沒有掙扎，只有安然及盼望。上帝已將他恢復，讓他可以重回天父的世界，到天國與愛妻相聚。但是，因著四十多年與上帝的愛隔絕，他一生留下的仍然是一片殘破與失敗。

後來，愛姬寫了一本書，敘述了這個真實的故事。

她晚年患有癌症，但她祈求上帝讓她把這本書寫完才離世。上帝應允了她，等她全書寫完，上帝才接她去天國安息。

她留下這本發人深省的書，勸告那些自認有理由跟上帝生氣的人說：跟上帝生氣，不但沒有辦法停損，還會喪失心靈的平安，並阻擋了以後上帝賞賜的恩典。一旦錯過了上帝美好的賞賜，那樣空洞的歲月，才是生命最大的浪費。

朋友！當我們任憑抱怨及疑問在心中發酵，就會轉成憤怒、痛苦與不信任，進而轉成怨恨、仇恨。這時，我們再也聽不進任何諫言，聽不進家人、朋友、甚至牧師的話，更聽不進上帝的話。我們關閉了聖靈的管道，錯過了上帝要安慰我們的訊息，也錯失了生命的盼望。

其實那時上帝正在對我們說：「你禁止聲音不要哀哭，禁止眼目不要流淚，因你所作之工必有賞賜，他們必從敵國歸回。」（《耶利米書》第三十一章十六節）換言之，上帝正在安慰我們，並且應許說：「別哭，別抱怨！我會賞賜你的忠誠的。」

但是憤怒沖昏了我們的頭，使我們錯過了上帝這麼重要的訊息。

其實，我們的呼喊、禱告是不會白費的；我們的困苦、眼淚也絕不枉然。上帝早已在聖經裡向我們承諾：「你們務要堅固，不可動搖，常常竭力多做主工。因爲知道你們的勞苦在主裡面不是徒然的。」（《哥林多前書》第十五章五十八節）

既有這樣的承諾，爲什麼我們還沒有信心？

我們只看到週遭的失敗、破壞、徒勞無功，我們大喊：「一切都完了！」但是上帝卻對我們說：「你們以爲全都完了，但我看到的是才正開始呢！我正要把賞賜傾倒給你，我心裡有好多好東西要給你呢！別哭了呀！」

我們是要繼續埋頭捂耳地生氣、痛哭，還是要趕快去拿盆子來承接即將臨到的福氣呢？

朋友！讓聖靈來醫治我們心中的傷痛、氣憤和怨恨，不要讓它發酵，不要任它摧毀我們。或許我們只看到週遭的失敗，但上帝卻看到我們往後的興旺。只要我們在困惑中仍舉頭仰望祂，祂就必能將我們從廢墟中重新復興！

因爲《希伯來書》第十一章六節承諾說：「祂賞賜那尋求祂的人。」

「我先前怎樣留意將他們拔出、拆毀、毀壞、傾覆、苦害，也必照樣留意將他們建立、栽植。」這是耶和華說的。

——《耶利米書》第三十一章二十八節

42 林肯總統與禱告

美國總統林肯常常花很多時間在禱告上，即使事情再忙，他也一定要找時間禱告、默想。

在南北戰爭中，軍事倥傯，林肯仍然不改這樣的習慣。

有人問林肯總統：「您的時間這樣寶貴，事務如此繁忙，怎麼還抽得出時間來禱告呢？」

還有人譏諷地說：「軍情訊息萬變，總統把寶貴的時間浪費在禱告上，實在毫無建設性，簡直不切實際。」

但是林肯卻十分堅持，並且解釋說：「謀事在人，成事在天。我肩負這麼重的任務，如果還狂妄到自認不需靠上帝就能成事，那這樣無知又愚蠢的人，不配當你們的領導。」

南北戰爭戰況非常激烈，不只林肯率領的北軍向上帝禱告，連南軍也向上帝禱告。雙方都希望能在戰爭中獲勝。

有人諷刺說：「兩軍對峙，兩邊的信徒都向上帝祈禱，要上帝幫助他們的那一方獲勝。上帝難道不會為難嗎？戰爭總有一邊贏一邊輸，兩邊都求祂，祂到底該幫哪一邊呢？」

林肯解釋說：「我不敢禱告求上帝來站在我這一邊，但我禱告求上帝讓我站在祂那一邊。只要和上帝站在同一邊，必能得勝。」

果然，林肯的軍隊因為和上帝站在同一邊，終於打了勝仗。

朋友！林肯的禱告是眞正謙卑而降服的禱告，他把主權交給上帝。因爲上帝曾說：「我要恩待誰就恩待誰；要憐憫誰就憐憫誰。」（《出埃及記》第三章十九節）

但是許多人的禱告卻像是在對上帝下指令，要求上帝幫他做這、幫他做那。甚至還對上帝開條件：「如果祢幫我達成如何如何，我就相信祢。」

這樣的禱告是十分「自我中心」的禱告。是高傲地要求上帝來就你，而不是謙卑地自己去就上帝。

當然，這樣的禱告效果十分有限，因爲「上帝阻擋驕傲的人，賜恩給謙卑的人。」（《雅各書》第四章六節）未蒙上帝喜悅的禱告，求也是白求。聖經說得十分明白：「你們求也得不著，是因爲你們妄求。」（《雅各書》第四章三節）

惟有謙卑降服的禱告，必蒙上帝喜悅。與上帝同行，必然得勝。因爲祂早就戰勝了所有黑暗權勢，並在聖經中應許我們：「我已經給你們權柄可以踐踏蛇和蠍子，又勝過仇敵一切的能力。」（《路加福音》第十章九節）

馬是為打仗之日預備的；得勝乃在乎耶和華。

——《箴言》第二十一章三十一節

43 自閉與亮光

紐恩是一名中年公務員。他因交友不慎，將半輩子的積蓄都拿出來跟朋友投資做生意，沒想到朋友卻不告而別，捲款潛逃。紐恩一下子失去了所有的財產，遭受到極大的打擊。

紐恩整天陷入呆滯的沉思中，無法專心工作，效率一落千丈。於是他向上班的機構請了假，想好好地「思考一下」。

他心想：「碰到這麼大的挫敗，我一定得仔細想個清楚才行。不能再渾渾噩噩，老是沒精打采。總要想出個辦法來！」

但是他隨即發現，整天呆在家裡，他就只能頹坐在椅子上，陷入無邊無際的沉思，卻仍然一點頭緒也沒有。他沒辦法起身做別的事，甚至連找東西吃的力氣也沒有。有時想動手整理一下房間裡的雜物，往往做到一半，就忘了下個步驟是什麼，又頹坐下來。

紐恩總是呆呆地一直想一直想，希望能「想」出一個頭緒，但腦中卻仍一片空白，浮現的都是過去片片段段的回憶，朋友邀約他投資的臉孔，他去銀行匯錢給朋友的情景。嚴格說起來，這樣子的「想」，根本不能叫做「思考」。

他仍然想不出解答。

有一天，紐恩又陷入沉思，不覺已天黑，滿室黝暗，伸手不見五指。

他心情低落，無助地向上帝禱告：「天父呀！我碰到困難了，就像這間屋子，在一片黑暗之中，一點亮光也沒有。」

他喃喃地向上帝求助：「求祢給我亮光，給我解答，讓我想出個辦法來！」

這時，紐恩的兒子剛好開車回家，車子一轉進院子，車燈照進了屋內，黑暗中出現了亮光。

上帝對他說：「瞧！這不是亮光嗎？你祈求，我就應允你。」

紐恩嚇了一跳，顫抖著跪下，對上帝說：「是啊！這是亮光。但我說的亮光是指事情的解答呀！求祢賜給我一個解答好嗎？」

紐恩的兒子熄了車子引擎，下了車走進屋來，打開了屋子的電燈，看到父親縮在地上，聽到父親向上帝要一個解答。

兒子也知道紐恩的遭遇，很為他這幾天的自閉感到憂慮，看到紐恩蜷縮在地，很是心疼，禁不住對紐恩說：「爸爸，你在家裡是找不到解答的，上帝要你去外面找，在外面才找得到解答！」

紐恩於是聽到上帝說：「看到了嗎?兒子為你從外面帶來亮光，這是你在黑暗裡找不到的。亮光一定從外面進來，去外面找解答吧！」

於是紐恩取消了請假，恢復上班。逐漸走出了自閉與憂鬱，也慢慢解決了財務困難。

朋友！在黑暗中找亮光等於是緣木求魚。亮光不會在黑暗裡，亮光一定在黑暗外面！

躲在困難中思索困難，再怎麼想，也只是雜亂無章的思緒，並不是眞正的思考，當然不可能找出解答。

許多自閉症、憂鬱症的患者都有過這樣的經驗，整天落入沉思之中，卻沒有辦法找到眞正積極有效的解決方法。成天關在家裡不想見人，卻仍然尋不著解脫之道。有時明明理智上知道該怎麼做，偏偏卻沒有力氣起身行動。

其實，遇到黑暗，最有效的辦法就是離開它，去找光。

遇到困難也一樣，老是讓困難縈繞、盤據心頭，沉浸在同一個思緒中，不管如何研究它、回憶它、從頭想到尾想再多遍，都是沒有用的。應該先把困難擺下，去尋找屬靈的亮光，或讀讀聖經，或聽聽講道，過一會兒再回來，困難也就容易解決多了。就像把亮光帶進黑暗中。

朋友！掙脫不了黑暗捆綁的人，是永遠找不到解答的。唯有起身去找光，才能眞正脫離困境。請記住：去找光！

我寫給你們的，是一條新命令，在主是真的，在你們也是真的；因為黑暗漸漸過去，真光已經照耀。

——《約翰一書》第二章二十八節

我差你到他們那裡去，要叫他們的眼睛得開，從黑暗中歸向光明，從撒但權下歸向神。

——《使徒行傳》第二十六章十八節

44 二十六個武裝保鏢

有一名美國傳教士到非洲一個村落醫院去幫忙。因為那個村落醫院地處偏遠，物資缺乏，所以傳教士必須每兩個星期就到附近的城市去採購，補充一些生活及醫療必需品。

傳教士每次去城市都需要兩天的時間，夜晚就在途中選擇野地露營，住宿一晚，隔天再繼續趕路。從城市回村落也同樣要兩天的時間。

有一次，傳教士到城裡準備採購。他先到銀行領了現金，一出來，看到有兩個當地男子在打架，其中一個年輕男子被打得受了傷，傳教士看了，立刻帶他到旁邊，為他擦藥裹傷。同時也藉機向他傳福音，告訴他：「耶穌愛你！」

傳教士為那名年輕男子包紮之後，繼續他的採購，然後又走了兩天的路程，如常地回到了村落醫院。

兩星期之後，傳教士又依例到城裡去採購。這次又碰到了那名他上次為他裹傷的年輕男子。那名年輕人看到傳教士，有點不好意思，但仍然過來和他攀談。

年輕人問：「您的保鏢呢？」

傳教士答：「我就一個人，哪有帶什麼保鏢？」

年輕人說：「別騙人了，您上次明明有帶二十六個保鏢，在您晚上露營的地方保護您。」

傳教士一再聲明說沒有。

年輕人駭然地說：「上次，我知道您身上有錢，還採買了很多東西，所以我找了五個同黨，一直跟蹤您，想趁晚上您紮營露宿的時候搶劫。但是我們正要行動的時候，卻看到那二十六個保鏢在您的帳棚旁邊，個個都有武裝。我們不敢下手，就回去了。」

傳教士笑起來，說：「我是個傳教士，向來是一個人。上次也沒雇什麼保鏢。」

年輕人驚訝地說：「可是我們五個人都明明看到呀！要不是那些武裝保鏢，我們早就把您害了，您怎能平安來去呢？」

傳教士拍拍年輕人的肩，說：「如果你真的看到，那就是上帝派天使來保護我了。」於是又向年輕人傳福音。

事情過後沒多久，傳教士趁休假回美國密西根州的家鄉，並在週日回到他所屬的教會講道。講道中，他提到了這件事。

正當傳教士向他教會的會友們述說的時候，一名會友突然站起來，說：「等一下，你記得這件事是哪一天發生的嗎？確切的日期是哪一天？」

傳教士說出了日期、時間。換算美國當地的時間，正是某日清晨。

那名會友吃驚地望著傳教士，然後對著會眾說：「就是那天！請那天早上有來教會晨禱，為傳教士禱告的人站起來！」

難以置信的，正好是二十六名會友。

原來，這名會友那天一大早就去打高爾夫球，正當他要擊球入洞的時候，有一股非常強烈的念頭興起，要會友們為遠在非洲的傳教士禱告。他感覺得出這股力量是來自於上帝的呼召，十分的迫切而且強烈，於是他趕緊聯絡其他會友，一起前往教會聖殿禱告。

那天參加這項晨禱的會友，正是二十六人。透過禱告，上帝將他們派到非洲成為武裝的保鏢。

朋友！代禱具有驚人的力量。也就是一般人所說的「念力」。聖經也證實，義人的代禱是大有功效的。（《雅各書》第五章十六節）

在一般人看來，發生一些令人難以置信的事，就是神蹟！因爲上帝使萬事互相效力，叫愛祂的人得益處，就是按祂旨意被召的人。（《羅馬書》第八章二十八節）

上帝呼召傳教士到非洲做事奉，也呼召他家鄉的會友們爲他代禱、保護他。許多基督徒都有過突然迫切想爲某人代禱的經驗。不必懷疑，那正是上帝藉著聖靈在呼召，要義人發揮代禱的力量。

衆信徒正是「因信稱義」的義人。只要相信，就是義人，就可以爲上帝所用，成爲受上帝差遣的天使。

上帝常會呼召義人彼此互相代求，信心愈大的人，蒙呼召差遣也愈明顯，功效也愈大。

朋友！你有過被呼召替人代禱的經驗嗎？

耶和華遠離惡人，卻聽義人的禱告。

——《箴言》第十五章二十九節

所以你們要彼此認罪，互相代求，使你們可以得醫治。義人祈禱所發的力量是大有功效的。

——《雅各書》第五章十六節

45 天堂的享受

有一天，煙鬼、賭鬼、小偷，闖進了天堂。

煙鬼平常最嗜抽大麻，進了天堂，不到兩小時，煙癮大發，到處找菸。

煙鬼問天使：「請問要到哪裡去找大麻呀？」

天使說：「這裡從來就沒有大麻這種東西！」

煙鬼拜託天使：「那起碼給我一根香菸解解饞吧！」

可是天使仍舊告訴他：「這裡從來就沒有菸呀！」

賭鬼平常最愛去賭場豪賭，進了天堂，不久也賭癮大發，雙手發癢，想找地方賭博。

他問天使：「請問哪裡有賭場呀？」

但是天使告訴他說：「這裡從來就沒有賭場這種地方！」

賭鬼想：「沒有賭場，那找幾個人打打麻將好了。」卻沒有一個人理會他。
小偷平常最喜歡偷東西。進了天堂，看見天堂裡金碧輝煌，到處是珍貴的金石玉雕，心中大喜，暗暗計畫著要等天黑了好下手偷竊。
可是小偷等呀等，等得心癢難耐，就是等不到天黑。
他向天使打聽：「請問幾點鐘天黑呀？」
天使告訴他：「這裡只有光明的白晝，沒有黑暗的夜晚。」
煙鬼、賭鬼、小偷三個人非常沮喪，說：「大家都說天堂好，我看不見得！」
商量之後，他們同聲表示：「我們還是去地獄吧！這裡怎麼住得慣呢？」

朋友！享用天堂的美好，必須先有聖潔、善良的心靈。
重生，是進入天堂的入門條件。
就像大學入學考試，沒有通過，表示程度不夠，即使僥倖進了大學，課也聽不懂，書也念不下去。
天堂也是一樣，不自潔的人，無福消受天國的美好。唯有悔改認罪、洗清污穢，建立聖潔、善良的心靈，才有福份享受天國的一切豐盛。

你們豈不知不義的人不能承受神的國嗎？不要自欺！無論是淫亂的、拜偶像的、姦淫的、作孌童的、親男色的、偷竊的、貪婪的、醉酒的、辱罵的、勒索的，都不能承受神的國。

——《哥林多前書》第六章九節、十節

46 上帝的直升機

有一個神父，從年輕就一直守著他的教堂。

有一天，外面下起傾盆大雨，釀成水災。雨水慢慢淹過稻田、淹過道路，淹進教堂裡了。

神父跪在教堂祈禱，他懇求上帝保護他，救他脫離眼看就要來臨的水災。

大水淹進教堂了，淹過了地板，淹到神父的腳。

一個救生員划著小艇過來，跟神父說：「快上來！神父！大水快淹上來了！」

神父搖搖頭說：「不行，我要守著教堂。沒關係，上帝會派天使來救我的！」

大水仍然一直往上升高，淹過了教堂的椅子，神父只好站到桌子上。

這時，又一個救難人員划著一艘船過來，跟神父說：「神父！快！快！快上來！再不上來你會被淹死的！」

神父還是搖搖頭說：「不行，我要守著教堂。沒關係，上帝會派天使來救我的！」

大雨仍然沒有停歇，水一直往上升，神父從一個桌子爬到另一個更高的桌子，最後爬上了屋頂，坐在屋脊上，握著教堂的十字架。

這時，一架直升機緩緩飛過來，救生員丟給神父繩梯，要他握緊逃生。他喊著說：「神父！別鬧了！快上來呀！不然你會被淹死的。」

神父仍然搖搖頭說：「不！我要守著教堂。沒關係，上帝會派天使來救我的！」

在大水不斷洶湧著襲擊大地後，神父被淹死了。

神父死後上了天堂，見到了上帝。他埋怨地問：「上帝呀！您怎麼沒有派天使來救我呀？」

上帝說：「怎麼沒有？我第一次派天使划著救生艇去接你，你不接受；我又派天使划一艘比較大的船去接你，你仍然不接受。最後，我再派天使駕著直升機去接你，你還是不接受。那就沒辦法了呀！」

朋友！天使並不侷限於我們想像中的樣子，不見得有光環有翅膀。上帝能使萬事互相效力，祂隨時隨地差派不同的人、不同的事，作爲祂的天使。

只要透過禱告祈求，上帝就派天使在我們四周紮營，準備隨時提供幫助。就看我們是否認得出天使，是否懂得接受救恩。

要想不漏接上帝的救恩，一定要熟悉上帝的方式。每天藉著讀經、禱告認識上帝，才能認出祂的作爲。否則，把上帝派的天使當成陌生人，豈不令人懊悔惋惜？

天使豈不都是服役的靈、奉差遣為那將要承受救恩的人效力嗎？

——《希伯來書》第一章十四節

好叫世界得知你的道路，萬國得知你的救恩。

——《詩篇》第六十七篇二節

47 違背誓言

華德是一所專校的教師，是個虔誠的教徒，他即將退休。有一天他靈裡受感動，很想要去傳教，全職服事上帝。但是一來他沒受過專業的神學訓練，二來他孩子還在念大學，他承諾要協助孩子繳學費，所以即使退休，還是需要找份兼職的工作，才夠開銷。

華德於是對上帝說：「上帝啊！我想在退休之後全職傳教服事祢，但我還有家累，又缺乏神學裝備，求祢幫我開路。」

沒多久，一家公益醫療檢驗機構請華德在退休之後到那裡工作，待遇比照他原來的收入水準。他毫不猶豫地答應了。

剛巧城裡的一家神學院也在招生，華德很想一邊工作，一邊去就讀，以便接受神學裝備。但他又怕這個醫療檢驗機構的理事長會不答應。

於是華德又向上帝說：「上帝啊！我想全職服事祢，我需要接受裝備。求祢讓我去神學院就讀，同時還能保有這份工作。等我孩子大學畢業，我也完成學業，我必然辭職全心服事祢。」

果然，這個醫療檢驗機構的理事長允許他一邊工作一邊去神學院就讀。也因為華德對宗教的虔誠，獲得理事長極大的信賴。

神學院的課並不輕鬆，要修完碩士學位不但要按時上課，還要做報告、交論文。華德讀得有些吃力。

於是華德再向上帝禱告：「上帝啊！求祢讓我在這把年紀還能有足夠的學習能力，順利完成學業，將來好全職服事祢。」

很奇妙的，華德在考試及寫論文前，總是遇到一些牧師，在證道中剛好就講到相關的部份，等於是在替他預備功課，讓他的學業順利進行著。

在華德完成學位之前，他在這家醫療檢驗機構已經高居要職，受到理事長全然的信任與授權。理事長經常不在，就由華德管理一切。華德為了將來要離職去全職傳教，也刻意物色了接班人，聘請頗具聲望的路易擔任顧問，等時候到了，就要辭職交棒給路易。

三年過去了。華德順利地取得了道學碩士學位。這時，他的孩子也完成大學學業，開始就業。華德實踐承諾的時候似乎到了。

華德雖然沒有忘記他對上帝的承諾，但是他在這家醫療檢驗機構的工作卻正得心應手，不但待遇高，而且大權在握。他開始捨不得了，捨不得放棄到手的權力與高薪。他有意無意地忽視過去對上帝的承諾。

有時候，他的良知也提醒他，但是他總是自我找藉口。他想，「總要把手上這個案子做完，不然太不負責任了。」

有一家教會來詢問華德要不要去當助理牧師，但因為待遇實在差太遠了，他絲毫不為所動。

華德原來安排好的接班人路易有一次不經意地問華德：「你不是讀完神學學位就要去傳教嗎？」

華德支支吾吾，沒有正面回答，心裡卻頗不高興，認為路易是想早點取代他的位置，所以從此以後百般刁難路易，甚至企圖讓路易去職。

日子又過了一年，華德根本已經忘了要全職傳教這回事了。去年取得的神學學位就擱在那裡，一動也不動。

如果華德知道對上帝違背誓言的後果是如何嚴重，他一定會立刻辭職的。

有一天，法院寄給華德一封通知信，他打開一看，是一名離職員工到法院控告他，說他違法開除員工。華德吃上了官司。為了應付開庭，光是付律師費，就花掉華德半年的薪水。

更糟的是，被他開除的那名員工居然是理事長的遠親，趁機向理事長報告了華德在辦公室跋扈的情形。

禍不單行。路易因不滿華德的刁難，大舉反撲，向理事會檢舉華德種種決策失誤及行政失職之處，理事會因此展開調查。最後，理事會逼迫華德辭職。華德一生的令譽毀於一旦。

華德十分後悔，他知道得罪上帝了。他禁食禱告，向上帝懺悔：「上帝啊！求祢原諒我的背信與貪婪，我知道錯了，求祢賜我機會彌補！」他迫切地祈禱，幾度哭濕了衣襟。

雖然華德懺悔了，但他仍然必須接受失敗的後果。他開始竭力彌補自己的過錯，履行承諾，全職事奉。但因為沒有教會要聘請他，他只能到住家附近的教會去當義工，默默地做服事。他受盡了週遭的冷嘲熱諷，並且在法庭間疲於奔命。

官司折騰了三年，華德終於獲得無罪宣判。他流著淚感謝上帝的保守，並且更加專心做全職服事，即使沒有半點收入，他也絲毫不敢抱怨。

就這樣又過了三年，眼看華德的儲蓄快花光了。但是他並不擔心，他說：「上帝是要把多給我的收回。這樣的懲罰對違背誓言的人來說，算輕的啦！我還要因此感謝上帝呢！」

至於未來會不會窮得無法生活？他堅信：「走上帝的道路，上帝自然會供應。」

果然，在一個偶然的機會裡，有一家教會知道華德具有道學碩士學位，聘請他去擔任牧師。又隔了一年，華德升任主任牧師，他的證道吸引了許許多多的信徒，甚至還有人遠道而來聽他講道。他成為聞名遐邇的大牧師。

上帝又把他高升了！

如今，白髮皤皤的華德總不忘記以他自己的經歷提醒教友：「千萬不可違背對上帝的誓言，欺哄上帝，花兩倍時間都不見得能彌補。」

朋友！錢財經常使人迷失，蒙蔽了人的雙眼；權力總是使人腐化，封閉了人的心靈；世俗的榮華富貴具有莫大的誘惑力，很容易讓人喪失了起初的愛心，不知不覺忘卻了最初的信念。

你還記得小時候的純眞與志向嗎？它們正是你起初的信念。如今，它們在哪裡？是否已經在現實功利的世俗洪濤裡沉淪？

上帝不喜悅違背誓言的人，祂在《啓示錄》裡責備說：「有一件事我要責備你，就是你把起初的愛心離棄了。」（《啓示錄》第二章四節）

尤其是立志做傳道人的，更是必須警醒。不要讓最初的信念在世俗的陷阱裡沉睡，切勿讓起初的愛心在繁華的誘惑中熄滅。

耶穌說：「若有人要跟從我，就當捨己，天天背起他的十字架來跟從我。」（《路加福音》第九章二十三節）

又說：「你們無論什麼人，若不撇下一切所有的，就不能作我的門徒。」（《路加福音》第十四章三十三節）

違背誓言的後果，上帝必然追究。

主耶和華如此說：你這輕看誓言、背棄盟約的，我必照你所行的待你。

——《以西結書》第十六章五十九節

48 小牧童的禱告

有一個小牧童正在草場上看著他的羊群。

星期天早上，他聽到教堂的鐘聲響起，人們陸陸續續走過他牧羊的草場，要去旁邊的教堂做禮拜。他看了十分羨慕。

他想：「我也要來和上帝交通一下，跟祂說說話。」但隨即想到：「但是要怎麼跟上帝說話呢？我又不會禱告。」

小牧童從小生長在農家，因為家裡農事繁忙，從來沒上過教堂，也不知該如何禱告。

他想了想，於是雙膝跪在地上，閉起眼睛，非常大聲而且敬虔地開始背誦二十六個字母，從A到Z，重複了七遍。

牧師正好從草場走過，看到小牧童雙膝下跪，雙眼閉闔，雙手交疊，明明是一副正在禱告的樣子；可是聽他的禱告詞，怎麼卻是二十六個字母，重複一遍又一遍呢？

牧師好奇地停住腳步，等小牧童唸完七遍，睜開眼睛。

牧師問小牧童：「小朋友，你在做什麼呀？」

小牧童回答說：「我在禱告呀！」

牧師詫異地說：「哦？禱告嗎？我以為你在背誦二十六個字母呢！」

小牧童說：「因為我不知道禱告該說些怎麼，我也沒學過任何祈禱文。但是我希望上帝能看顧我，也幫助我看顧我的羊群。所以我想，我把我會的二十六個字母唸出來，祂一定能把這些字母變成字，祂一定知道我應該說的話，祂也一定知道我想說的事。」

牧師聽了不禁微笑，慈祥地說：「會的！上帝會的，上帝什麼都能！祂一定會賜福給你的！」

牧師走進教堂，開始他今天的證道。

他先說了小牧童和二十六個字母的事情，然後說：「各位弟兄姐妹！信心是什麼？信心就像小牧童一樣，單純地相信上帝的全能！小牧童或許淺薄無知，但上帝並不重視這個，祂重視的是這顆信心！」

朋友！上帝並不重視人的才能、學識、地位、財富，也不重視人的獻祭；祂重視的是人們對祂的信心！

單純的相信，這種信心是難能可貴的，也是最幸福的。

聖經上敘述耶穌復活之後，有一個門徒叫多馬，聽說耶穌復活了，但他因爲沒有親眼看見、親手摸著，總是不信。直到耶穌在他面前顯現，讓他親自伸手用指頭觸摸耶穌的釘痕及肋骨，多馬才相信。

耶穌強調，最幸福的是沒有看見就相信的單純的信心，勝過驗證了才相信的多馬的信心。

愈有學識的人愈容易自以爲是，有所成就會自認是自己的能力強，不願承認是上帝的作爲。反而世人看起來無知的人，容易具有單純的信心，上帝喜歡在他們的身上彰顯祂的大能。因此，他們是最有福的。

基督宗教的奧秘正在於此。「神也揀選了世上卑賤的，被人厭惡的，以及那無有的，爲要廢掉那有的。」（《哥林多前書》第一章二十八節）

耶穌就對多馬說：伸過你的指頭來，摸我的手；伸出你的手來，探入我的肋旁。不要疑惑，總要信。……耶穌對他說：你因看見了我才信；那沒有看見就信的有福了。

——《約翰福音》第二十章二十七節、二十九節

49 不完美的祭品

從前有一個探險家，帶著他的僕人到非洲探險。

探險家在拿刀切椰子的時候，不小心將自己的一根手指頭切了下來。一旁的僕人看他在包紮傷口，沒有為他著急、難過，反而說：「感謝主！上帝的恩典臨到你了！」

探險家聽了十分生氣，說：「我受傷了，你還感謝主，認為是上帝的恩典？好像恨不得我死似的！」

他一氣，就把僕人丟到一個坑裡，不要他了。

他聽到那個僕人在坑裡又說：「感謝主！上帝的恩典臨到我了！」

探險家罵了一聲：「神經病！」就繼續往前探險。

不料他遇到一個原住民部落，原住民看到有人闖進來，歡天喜地，打算將他抓起來，把他當作獻祭的祭品。

突然，有一名原住民發現探險家手指頭上包裹著紗布，於是七手八腳把紗布拆開，卻發現這個人有一根指頭不見了，顯然有殘缺。

原住民七嘴八舌討論了一番，認為這樣有殘缺的人是不完美的祭品，如果獻給神明，很不成敬意，說不定還會引來神明的震怒。

原住民們想想不妥，就把探險家給放了。

探險家逃回前一天紮營的地方，把僕人從坑裡救出來。跟他說起那天在原住民部落的遭遇。

探險家說：「早上你認為我切掉手指是上帝的恩典，後來證明果然不錯！要不是這根手指被切掉，我今天連命都沒了。」

他突然想到僕人早上被他扔進坑裡時，也說了同樣的話。就問他：「那你被我扔進坑裡，怎麼也算上帝的恩典呢？」

僕人回答說：「是呀！當然是上帝的恩典！如果您沒有把我扔進坑裡，那我肯定跟著您一起闖進原住民部落，那現在被留在那裡當祭品的就是我了！」

朋友！每一件發生在我們身邊的事都必定有它的道理。上帝巧妙地透過這些事情成就祂的旨意。

往往，神蹟就在其中！

不相信的人認爲是一連串的巧合，相信的人認爲是注定了的天意。

其實，掌管巧合的正是全能的上帝，祂既創造宇宙萬物，何不能控制所有的巧合呢？

缺乏對巧合的盼望，這正是無神論者的悲哀！

我們曉得萬事都互相效力、叫愛神的人得益處、就是按他旨意被召的人。

——《羅馬書》第八章二十八節

50 上帝照顧得很好

有一個企業老闆帶著他的經理到國外出差。

一連串的業務會議開下來，討論了許多方案，也做了許多決議。經理覺得壓力很沉重，擔心會做不好。

老闆看到經理如此緊張，就問他：「這企業是不是我創立的？」

經理說：「當然是呀！老闆！」

老闆再問：「你沒加入我們公司之前，我把公司管理得如何？」

經理說：「很好啊！大家都說您是管理大師，所以我才有信心加入。」

老闆又問：「萬一你離職，你認為我會把公司管理得如何？」

經理說：「毫無疑問，一定還是很好！」

老闆說：「那就對囉！你來之前我管得很好，你走之後我還會管得很好，那你在的時候我會管不好嗎？有我在，你何必緊張呢？」

於是經理放下了緊張的情緒。

當天晚上，他們遇到了大雷雨，兩人投宿在當地一家最大的飯店裡。飯店的各樣設備十分良好，安全設施也沒有疑慮。

經理很快就入睡了，但是老闆卻翻來覆去，長吁短嘆，難以入眠。

經理睡一覺醒來，發現老闆還沒睡，而且眉頭深鎖，狀頗憂慮。原來是淅瀝嘩啦的大雷雨攪得老闆心煩意亂，不能好好睡覺。

經理於是瞇著愛睏的雙眼問老闆：「老闆，您認不認為這世界是上帝創造的？」

老闆回答：「當然是上帝創造的啊！」

經理再問：「您還沒出生之前，您覺得上帝把這世界管理得如何？」

老闆答：「很好啊！」

經理又問：「您過世之後，您覺得上帝會把這世界管理得如何？」

老闆答：「還是一樣好哇！」

經理躺下去，拉起棉被，對老闆說：「那就對囉！你出生之前上帝管得很好，你過世之後上帝還是會管得很好，那你在世的這段時間，祂難道會管不好嗎？有上帝在，你何必擔心呢？」

朋友！要對上帝有信心！這世界是上帝創造的，祂一直管理得很好，現在也沒有理由擔心祂會管不好。

有一首詩歌說：「我不知明天將如何，但我知誰掌管明天。」許多事，明天將臨到；許多事，難以明瞭；但我知誰掌管明天；祂必知明天光景。所以，只要跟著上帝走，有祂在，何必擔憂呢？

聖經叫我們不要爲明天憂慮，不要憂慮吃什麼、喝什麼、穿什麼。因爲天無絕人之路！聖經還拿大自然做極爲生動的描述：

「你們看那天上的飛鳥，也不種，也不收，也不積蓄在倉裡，你們的天父尚且養活他。」

「你想野地裡的百合花怎麼長起來；他也不勞苦，也不紡線。然而我告訴你們，就是所羅門極榮華的時候，他所穿戴的，還不如這花一朵呢！……野地裡的草今天還在，明天就丟在爐裡，神還給他這樣的妝飾，何況你們呢！」（《馬太福

音》第六章二十五節～三十四節）

朋友！下次當你憂愁煩悶，請記得把它打包，丟給上帝！因爲有上帝在，我們何必杞人憂天呢？

你們要將一切的憂慮卸給神，因為祂顧念你們。

——《彼得前書》第五章七節

國家圖書館出版品預行編目資料

愛的信念：潔淨心靈的50則愛的故事 / 蘇拾瑩著. -- 初版. -- 臺北市：啓示出版：家庭傳媒城邦分公司發行, 2007[民96]
面；　公分. -- (智慧書；2)

ISBN 978-986-7470-28-7

1.修身　2.生活指導

192.1　　96001014

智慧書2

愛的信念：潔淨心靈的50則愛的故事

作　　者 / 蘇拾瑩
企畫選書 / 彭之琬
總 編 輯 / 彭之琬
責任編輯 / 黃靖卉

版　　權 / 吳亭儀
行銷業務 / 莊晏青、何學文
總 經 理 / 彭之琬
發 行 人 / 何飛鵬
法律顧問 / 元禾法律事務所　王子文律師
出　　版 / 啓示出版
台北市104民生東路二段141號9樓
電話：(02) 25007008　傳眞：(02)25007759
E-mail:bwp.service@cite.com.tw
發　　行 / 英屬蓋曼群島商家庭傳媒股份有限公司　城邦分公司
台北市中山區民生東路二段141號2樓
書虫客服服務專線：02-25007718；25007719
服務時間：週一至週五上午09:30-12:00；下午13:30-17:00
24小時傳眞專線：02-25001990；25001991
劃撥帳號：19863813；戶名：書虫股份有限公司
戶名：英屬蓋曼群島商家庭傳媒股份有限公司城邦分公司
訂購服務 / 書虫股份有限公司客服專線：（02）2500-7718；2500-7719
服務時間：週一至週五上午09:30-12:00；下午13:30-17:00
24時傳眞專線：（02）2500-1990；2500-1991
劃撥帳號：19863813 戶名：書虫股份有限公司
讀者服務信箱：service@readingclub.com.tw
城邦讀書花園：www.cite.com.tw
香港發行所 / 城邦（香港）出版集團有限公司
香港灣仔駱克道193號東超商業中心1樓；E-mail：hkcite@biznetvigator.com
電話：(852) 25086231　傳眞：(852) 25789337
馬新發行所 / 城邦（馬新）出版集團 Cite (M) Sdn. Bhd.
41, Jalan Radin Anum, Bandar Baru Sri Petaling, 57000 Kuala Lumpur, Malaysia.
Tel: (603) 90578822　Fax: (603) 90576622　Email: cite@cite.com.my

封面設計 / 徐璽
排　　版 / 極翔企業有限公司
印　　刷 / 韋懋實業有限公司
經 銷 商 / 聯合發行股份有限公司
新北市231新店區寶橋路235巷6弄6號2樓
電話：(02)29178022　傳眞：(02)29110053

■2007年1月初版
■2022年6月二版2.5刷
定價320元

Printed in Taiwan

城邦讀書花園
www.cite.com.tw

 ISBN 978-986-7470-28-7

啟示 Apocalypse Press 出版

廣　告　回　函
北區郵政管理登記證
北臺字第000791號
郵資已付，免貼郵票

104　台北市民生東路二段141號2樓

英屬蓋曼群島商家庭傳媒股份有限公司城邦分公司　收

請沿虛線對摺，謝謝！

啟示 Apocalypse Press 出版

書號：1MD002X　　書名：愛的信念

請於此處用膠水黏貼

啟示出版
Apocalypse Press

讀者回函卡

感謝您購買我們出版的書籍！請費心填寫此回函卡，我們將不定期寄上城邦集團最新的出版訊息。

姓名：______________________ 性別：□男 □女

生日：西元__________年__________月__________日

地址：______________________

聯絡電話：______________ 傳真：______________

E-mail ：

學歷：□ 1. 小學 □ 2. 國中 □ 3. 高中 □ 4. 大學 □ 5. 研究所以上

職業：□ 1. 學生 □ 2. 軍公教 □ 3. 服務 □ 4. 金融 □ 5. 製造 □ 6. 資訊

□ 7. 傳播 □ 8. 自由業 □ 9. 農漁牧 □ 10. 家管 □ 11. 退休

□ 12. 其他______________________

您從何種方式得知本書消息？

□ 1. 書店 □ 2. 網路 □ 3. 報紙 □ 4. 雜誌 □ 5. 廣播 □ 6. 電視

□ 7. 親友推薦 □ 8. 其他______________________

您通常以何種方式購書？

□ 1. 書店 □ 2. 網路 □ 3. 傳真訂購 □ 4. 郵局劃撥 □ 5. 其他______

您喜歡閱讀那些類別的書籍？

□ 1. 財經商業 □ 2. 自然科學 □ 3. 歷史 □ 4. 法律 □ 5. 文學

□ 6. 休閒旅遊 □ 7. 小說 □ 8. 人物傳記 □ 9. 生活、勵志 □ 10. 其他

對我們的建議：______________________

____

____

請於此處用膠水黏貼